"十三五"国家重点出版物出版规划项目
国家出版基金资助项目
新时代生态文明建设法律制度体系研究
总主编　陈晓景　李国敏

新时代环境法律制度建设研究

王昌森　著

图书在版编目(CIP)数据

新时代环境法律制度建设研究 / 王昌森著. —上海：立信会计出版社，2023.6
（新时代生态文明建设法律制度体系研究）
ISBN 978-7-5429-7219-4

Ⅰ.①新… Ⅱ.①王… Ⅲ.①环境保护法－研究－中国 Ⅳ.①D922.680.4

中国国家版本馆 CIP 数据核字(2023)第 199062 号

策划编辑　窦瀚修
责任编辑　余　榕
美术编辑　吴博闻

新时代环境法律制度建设研究
Xinshidai Huanjing Falü Zhidu Jianshe Yanjiu

出版发行	立信会计出版社
地　　址	上海市中山西路 2230 号　　邮政编码　200235
电　　话	(021)64411389　　传　　真　(021)64411325
网　　址	www.lixinaph.com　　电子邮箱　lixinaph2019@126.com
网上书店	http://lixin.jd.com　　http://lxkjcbs.tmall.com
经　　销	各地新华书店
印　　刷	常熟市人民印刷有限公司
开　　本	710 毫米×1000 毫米　　1/16
印　　张	12　　插　　页　4
字　　数	196 千字
版　　次	2023 年 6 月第 1 版
印　　次	2023 年 6 月第 1 次
书　　号	ISBN 978-7-5429-7219-4/D
定　　价	50.00 元

如有印订差错，请与本社联系调换

总　序

目前,我国已进入中国特色社会主义新时代,人们对美好生活的向往越来越强烈,对美丽环境的期待也越来越迫切。如果说经济富足、身体健康、享受良好的教育、游览名山大川等都是人们对美好生活的具体需求,那么在解决社会分配领域可能存在的问题之后,社会经济发展水平应该与这些需求的满足程度呈正相关关系。也就是说,社会经济发展水平越高,人们的收入水平也会越高,人们可享受的教育资源和教育条件会越好,游览名山大川的机会会越多,会越注重休养生息和身体健康。但实际上,社会经济发展水平与人们追求的美好生活及美丽环境之间不存在必然的正相关关系。从经济学家所说的负外部性、政治学家所说的绝不走先污染后治理的老路以及法学家所说的普遍环境责任等可知,人们在追求美好生活和美丽环境的过程中,曾经并且还在继续受一些经济活动所释放的负外部性的影响。新发展理念的贯彻在很大程度上消解了经济活动的负外部性后果,而美好生活和美丽环境的实现仍需人们付出巨大的努力。

由陈晓景和李国敏担任总主编的本套丛书,凝聚了我国生态文明建设法律制度理论研究者与实务工作者的智慧和汗水。本套丛书的策划和出版既是学术盛事,也是为实现人们对美好生活的向往所做的一件实事。

古人云:"君子务本,本立而道生。"本套丛书立足我国生态文明建设法律制度研究的实际需求,致力于生态文明建设法律制度核心问题的研究,实现了生态文明建设法律制度体系理论研究的创新发展。迄今为止,国内尚未见到以"新时代生态文明建设法律制度体系研究"为主题的系列学术著作。本套丛书填补了我国该领域学术著作出版上的空白,它将给环境保护理论界,尤其是环境法学理论界带来巨大的知识冲击和学术冲击;或将掀起新时代生态文明建设法律制度研究的热潮,带动更多的学者为实现人们对美好生活的向往以及对美丽环境的期待而贡献智慧和力量。

本套丛书各分册的内容主要围绕环境法学研究的两个重点领域展开:一是沿着已经建立的环境法律制度,研究如何进一步提高制度建设的水平,如《新时代环境法律制度建设研究》;二是对生态文明建设和环境法制建设做出应然选择的尝试,研究在新时代生态文明建设法治任务面前,如何构建相关环境法律制度,如《中国流域生态系统管理法律制度研究》《企业环保信用评价法律制度研究》《新时代环境财政制度研究》《绿色金融法律制度研究》。这两个重点研究领域都是我国环境法学理论界和环境保护实务界高度关注的领域。因此,本套丛书的出版有望对环境法学理论研究和环境保护实务研究起到双重推动作用。

徐祥民

前　　言

新时代我国经济发展的特征、社会的主要矛盾、人民的主观需求、环境法治的客观条件已经发生深刻变化。改革开放以来，经过四十多年的建设，我国社会生产力获得了极大发展，经济建设取得了举世瞩目的成绩，经济发展已由高速增长阶段转向高质量发展阶段。与经济发展新形势新要求相比，我国还存在"市场激励不足、要素流动不畅、资源配置效率不高"[①]等问题，这些问题在环境保护领域表现得尤为突出。我国部分地区存在的环境保护市场激励机制缺失、环境资源要素市场流通受阻等问题已经成为生态文明建设下经济高质量发展的障碍。在社会的主要矛盾已经转化为人民日益增长的美好生活需要和不平衡、不充分的发展之间的矛盾的时代背景下，人民对环境的关注已非仅限于经济方面的价值，而更多在于诸如安全、健康、审美等深层次的诉求。人民对环境质量的改善期盼已经从被动等待、接受转为主动参与、监督。人民主观需求的转变和人民行为方式的改变决定了"提供更多的优质生态产品，满足人民日益增长的优美生态环境需要，着力解决突出生态环境问题，为人民创造良好生

---

① 中共中央，国务院.中共中央　国务院关于新时代加快完善社会主义市场经济体制的意见[J].中华人民共和国国务院公报，2020(15)：14-22.

态生活环境"①成为环境法制建设的中心内容。

习近平生态文明思想是新时代我国环境法制建设的重要指导思想。自2007年党的十七大报告将生态文明建设作为全面建设小康社会的新要求以来,我国生态文明实践不断深入发展,生态文明理念逐步牢固树立。2017年10月,党的十九大报告把生态文明建设纳入"五位一体"总体布局,把绿色发展作为"五大发展"理念之一,要求加强环境治理体系建设,构建以政府为主导、企业为主体、社会组织和公众共同参与的环境治理体系,推进国家治理体系和治理能力现代化,确立了环境治理现代化在国家治理现代化体系中的重要地位。2019年10月,党的第十九届四中全会通过的《中共中央关于坚持和完善中国特色社会主义制度 推进国家治理体系和治理能力现代化若干重大问题的决定》要求坚持和完善生态文明制度体系。为落实党的第十九届四中全会提出的要求,2020年3月,中共中央办公厅、国务院办公厅专门印发了《关于构建现代环境治理体系的指导意见》,提出在环境保护过程中,通过完善环境治理体制机制来推动政府、企业、社会组织和公众等多元化主体形成工作合力,强化政府对环境保护的主导作用,深化企业环境保护的主体作用,发挥好社会组织和公众的环境治理参与作用,为生态文明建设提供强有力的制度保障。在我国已经初步建立起相对完善的环境法律制度体系的客观条件下,运用环境治理现代化理论来研究现有的环境法律制度,对推进政府环境保护责任的落实,满足经济高质量发展对环境资源市场体制机制改革的期许,适应人民主观需求的改变,满足人民对环境保护参与的期待,最终推动生态文明的深入发展具有重要意义。

笔者在吸收环境与资源保护法学研究最新学术成果的基础上,力图运用环境治理现代化理论对新时代我国环境法律制度进行系统性研究,并根据不同的治理工具将现行环境法律制度体系划分为环境行政管理、环境市场调节、环境社会治理、环境损害救济四大类,针对每一类环境法

---

① 习近平.决胜全面建成小康社会 夺取新时代中国特色社会主义伟大胜利[N].人民日报,2017-10-28(001).

制建设存在的问题,提出相应的完善建议,以期推动我国环境保护事业从相对单一化的国家治理主体、单向度权威—服从型的治理模式向多元化环境治理主体、多向度协调合作型的治理模式的转变。

本书共分六章,第一章、第二章为基本理论部分,第三章至第六章是对具体环境保护法律制度的探讨。其中,第一章对生态文明与治理理论、环境治理现代化理论进行了梳理和介绍;第二章探讨了环境治理现代化与环境法律制度的关系,梳理了环境治理现代化进程中我国环境法制建设取得的成就;第三章对环境行政管理法律制度进行了分析,总结了环境行政管理法律制度的演变特征、价值取向,探讨了环境行政管理体制机制、预防性环境行政管理法律制度、补救型环境行政管理法律制度、监管型环境行政管理法律制度和技术性环境行政管理法律制度等存在的问题,并提出完善建议;第四章对环境市场调节法律制度进行了分析,总结了环境市场调节法律制度的演变特征,讨论了环境经济效率作为环境市场调节法律制度的核心价值,分析了自然资源资产产权制度、环境保护经济杠杆调节制度等存在的问题,并提出构建完善的、满足环境治理现代化需要的环境市场调节法律制度建议;第五章对环境社会治理法律制度进行了分析,总结了环境社会治理法律制度的演变特征,探讨了环境民主作为环境社会治理法律制度的核心价值,对环境信息公开制度、环境保护公众参与制度进行了评析,提出构建符合现代化发展趋势的、有助于调动多元社会主体积极性的环境社会治理法律制度体系的建议;第六章对环境损害救济法律制度进行了分析,总结了环境损害救济法律制度的演变特征,讨论了矫正正义作为环境损害救济法律制度的核心价值,探讨了生态环境损害责任追究制度、生态环境损害赔偿制度、环境公益诉讼制度等存在的问题,并提出了完善建议。

本书可作为高校法学教师、环境法学研究者、环境保护行政管理人员和环境法学爱好者的参考书籍。

本书的出版得到了河南财经政法大学民商经济法学院陈晓景院长的鼎力支持,得到了立信会计出版社余榕编辑的大力协助,在此一并致以最诚挚的谢意!

　　本书系笔者在复旦大学管理学院工商管理博士后流动站、山东外贸职业学院工作期间所开展的相关研究的研究成果。受笔者研究水平所限,本书难免存在疏漏或不当之处,在此恳请广大专家和读者的指正。

王昌森
2023 年 6 月

目　　录

第一章　生态文明与环境治理现代化 ············ 1
第一节　生态文明与治理理论 ················ 3
第二节　环境治理现代化理论 ················ 13

第二章　环境治理现代化与环境法律制度建设 ········ 25
第一节　环境治理现代化与环境法律制度关系 ······ 25
第二节　环境治理现代化进程中的环境法制建设 ····· 28
第三节　环境治理现代化法律制度体系 ·········· 32

第三章　环境行政管理法律制度建设 ············ 51
第一节　环境行政管理法律制度的演变特征 ······· 52
第二节　环境行政管制法律制度的价值取向 ······· 56
第三节　环境行政管理法律制度的问题分析 ······· 62
第四节　环境行政管理法律制度的完善建议 ······· 93

第四章　环境市场调节法律制度建设 ············ 104
第一节　环境市场调节法律制度的演变特征 ······· 104
第二节　环境市场调节法律制度的价值取向 ······· 106
第三节　环境市场调节法律制度的问题分析 ······· 108
第四节　环境市场调节法律制度的构建路径 ······· 127

第五章　环境社会治理法律制度建设 ············ 132
第一节　环境社会治理法律制度的演变特征 ······· 133

第二节　环境社会治理法律制度的价值取向 ………… 135
第三节　环境社会治理法律制度的问题分析 ………… 136
第四节　环境社会治理法律制度的完善建议 ………… 141

第六章　环境损害救济法律制度建设 ………………… 144
第一节　环境损害救济法律制度的演变特征 ………… 145
第二节　环境损害救济法律制度的价值取向 ………… 146
第三节　环境损害救济法律制度的问题分析 ………… 149
第四节　环境损害救济法律制度的完善建议 ………… 167

主要参考文献 ……………………………………………… 176

第一章　生态文明与环境治理现代化

人类的生存和发展离不开自然，这是举世公认的事实。人类与自然普遍关联、相互制约且在不断互动变化，突出表现为人类对自然的改造影响着自然的演化过程，自然又将人类施加的影响反作用于人类自身。正如恩格斯在《自然辩证法》中所指出的："美索不达米亚、希腊、小亚细亚以及其他各地的居民，为了得到耕地，毁灭了森林，但是他们做梦也想不到，这些地方今天竟因此而成为不毛之地，因为他们使这些地方失去了森林，也失去了水分的积聚中心和贮藏库。阿尔卑斯山的意大利人，当他们在山南坡把山北坡得到精心保护的那同一种枞树林砍光用尽时，没有预料到，这样一来，他们就把本地区的高山畜牧业的根基毁掉了；他们更没有预料到，他们这样做，竟使山泉在一年中的大部分时间内枯竭了，同时在雨季又使更加凶猛的洪水倾泻到草原上。"[1]

改革开放后，我国确立了以经济建设为中心的基本路线，创造了举世瞩目的经济成绩。国家统计局数据显示，从1978年到2017年，我国国内生产总值按不变价计算增长33.5倍，年均增长率为9.5%，平均每8年翻一番，远高于同期世界经济2.9%左右的年均增速。国家统计局于2022年2月发布的数据显示：近年来，我国经济总量连上新台阶，继2020年国内生产总值跨越100万亿元大关后，2021年突破110万亿元，占世界经济的比重达到18.5%，稳居世界第二位；2021年，人均国内生产总值超过1万美元；2013—2021年，国内经济增长对世界经济增长的平

---

[1] 马克思,恩格斯.马克思恩格斯选集:第4卷[M].中共中央马克思恩格斯列宁斯大林著作编译局,译.北京:人民出版社,1995:383.

均贡献率超过30％,居世界第一。①

伴随着经济的快速发展,我国环境与资源的开发强度在持续增加,"总体上看我国生态文明建设水平仍滞后于经济社会发展,资源约束趋紧,环境污染严重,生态系统退化,发展与人口资源环境之间的矛盾日益突出,已成为经济社会可持续发展的重大瓶颈制约"②。自2011年我国成为世界第一工业大国以来,许多污染物排放总量位居世界前列。"中国在成为世界工厂、为全球提供最丰富的工业产品的同时,也让清洁的空气、干净的水、安全的土壤成为自己最短缺的生态产品。"③生态环境部发布的数据显示:2021年,我国3 641个国家地表水考核断面中,水质优良(Ⅰ—Ⅲ类)断面占比为84.9％④;2021年,全国生态质量为一至五类的县域面积占国土面积的比例分别为27.7％、32.1％、32.7％、6.6％和0.8％⑤;2021年,我国需重点关注和保护的高等植物为10 102种、脊椎动物为2 471种,分别占评估物种总数的29.3％、56.7％⑤。

作为后发现代化国家,我国解决当前环境问题的难度比西方国家还要大。"我国当前环境问题的突出特点在于其时间上、空间上的'压缩性''共时性'和'复合性'。西方发达国家在其数百年工业化进程中,渐次发生了各种环境问题,并经历了从解决环境污染、生态破坏的传统环境问题到关注和应对气候变化、转基因生物安全等新型的环境风险问题的环境保护战略重心的转变。我国在社会转型、经济起飞的过程中,传统产业主导、高科技产业兴起的产业并存结构,使得传统意义上的环境污染、生态破坏问题与新型的环境风险问题呈现出一种在时间与空间上的集中爆发态势。这种状况不仅令我国面临工业社会与后工业社会环境危机的双重

---

① 国家统计局.中华人民共和国2021年国民经济和社会发展统计公报[EB/OL].(2022-02-28)[2022-08-18].http://www.stats.gov.cn/tjsj/zxfb/202202/t20220227_1827960.html.
② 中共中央,国务院.中共中央 国务院关于加快推进生态文明建设的意见[N].人民日报,2015-05-06(001).
③ 吕忠梅.中国民法典的"绿色"需求及功能实现[J].法律科学,2018(6):106-115.
④ 生态环境部.2021年自然生态环境[EB/OL].(2022-05-27)[2022-08-15].https://www.mee.gov.cn/hjzl/hjzlqt/sthj/202205/P020220527588457448727.pdf.
⑤ 生态环境部.生态环境部通报2021年12月和1—12月全国地表水、环境空气质量状况[EB/OL].(2022-01-31)[2022-08-15].https://www.mee.gov.cn/ywdt/xwfb/202201/t20220131_968703.shtml.

挑战,而且还意味着我国社会、经济发展与环境保护之间的回旋余地更小,运用政策与法律手段应对和解决环境问题的难度在很大程度上要高于西方工业发达国家。"①

严峻的现实表明,我国要解决环境问题依然任重而道远。要实现中华民族的伟大复兴与永续发展,我国需要从环境问题产生的根源入手,尊重生态规律,主动约束人的环境行为,自觉接受环境的束缚。

第一节 生态文明与治理理论

一、生态文明理念的发展确立

以大量生产、大量消费、大量污染破坏为特征的工业文明,在给人类带来了丰富的商品、极大地提高了人类的生活水平的同时,也造成了严重的环境污染和生态破坏。从引发过程来看,环境问题的"突出表现是人类将自然环境的多元价值单一化为财产价值而无限度地将其为我所用、为我所取,以至于自然环境难以承载人类行为倾泻的负荷。"②

生态文明"以尊重和维护自然为前提,以人与人、人与自然、人与社会和谐共生为宗旨,以建立可持续的生产方式和消费方式为内涵,以引导人们走上持续、和谐的发展道路为着眼点"③,强调对人类自身行为的限制,强调人的自觉与自律,强调人与自然环境的相互依存、相互促进、共处共融,既追求人与生态的和谐,也追求人与人的和谐。

生态文明作为人类在保护和利用环境的过程中取得的物质成果、精神成果和制度成果的总和,是对传统的农业文明、工业文明的发展超越,是解决环境问题、维护人类可持续发展的必然选择,或者说是人类在认识到自然为其所划定的边界后不得不做出的选择。作为一种对以征服自然

---

① 柯坚. 我国《环境保护法》修订的法治时空观[J]. 华东政法大学学报,2014(3):17-28.
② 张红杰,徐祥民,凌欣. 政府环境责任论纲[J]. 郑州大学学报(哲学社会科学版),2017(3):20-25.
③ 赵其国,黄国勤,马艳芹. 中国生态环境状况与生态文明建设[J]. 生态学报,2016(19):6328-6335.

为主要特征的工业文明进行深刻反思后创立的新文明形态,"生态文明是人类在改造自然以造福自身的过程中为实现人与自然之间的和谐所做的全部努力和所取得的全部成果,它表征着人与自然相互关系的进步状态。生态文明既包含人类保护自然环境和生态安全的意识、法律、制度、政策,也包括维护生态平衡和可持续发展的科学技术、组织机构和实际行动"①。"如果从原始文明、农业文明、工业文明这一视角来观察人类文明形态的演变发展,那么可以说,生态文明作为一种后工业文明,是人类社会一种新的文明形态,是人类迄今最高的文明形态。作为人类文明的一种高级形态,生态文明是人与自然关系的一种新颖状态,是人类文明在全球化和信息化条件下的转型和升华。"①

对我国而言,"良好生态环境是实现中华民族永续发展的内在要求,是增进民生福祉的优先领域"②,而"生态文明建设是中国特色社会主义事业的重要内容,关系人民福祉,关乎民族未来,事关'两个一百年'奋斗目标和中华民族伟大复兴中国梦的实现"③。

2007年10月,党的十七大报告将"建设生态文明"作为全面建设小康社会的新要求,要求全社会牢固树立生态文明观念,这标志着生态文明理念在我国的正式确立。2012年11月,党的十八大做出了大力推进生态文明建设的战略决策,并将生态文明建设纳入推进中国特色社会主义事业的"五位一体"总体布局中。2013年11月,党的十八届三中全会通过的《中共中央关于全面深化改革若干重大问题的决定》提出,"加快发展社会主义市场经济、民主政治、先进文化、和谐社会、生态文明","紧紧围绕建设美丽中国深化生态文明体制改革,加快建立生态文明制度,健全国土空间开发、资源节约利用、生态环境保护的体制机制,推动形成人与自然和谐发展现代化建设新格局","建设生态文明,必须建立系统完整的生态文明制度体系,实行最严格的源头保护制度、损害赔偿制度、责任追究制度,完善环境治理和生态修复制度,用制度保护生

---

① 俞可平.科学发展观与生态文明[J].马克思主义与现实,2005(04):4-5.
② 中共中央,国务院.中共中央 国务院关于全面加强生态环境保护 坚决打好污染防治攻坚战的意见[J].中国生态文明,2018(3):6-14.
③ 中共中央,国务院.中共中央 国务院关于加快推进生态文明建设的意见[N].人民日报,2015-05-06(001).

态环境"①。2014年10月,党的十八届四中全会通过的《中共中央关于全面推进依法治国若干重大问题的决定》要求用严格的法律制度来保护生态环境,加快建立有效约束开发行为和促进绿色发展、循环发展、低碳发展的生态文明法律制度,强化生产者环境保护的法律责任,大幅度提高环境违法成本。②

2015年5月,中共中央、国务院印发了《中共中央 国务院关于加快推进生态文明建设的意见》(以下简称《意见》),这是中央对生态文明建设的一次全面部署,为我国生态文明理念的全面落实奠定了基础。该《意见》指出,"加快推进生态文明建设是加快转变经济发展方式、提高发展质量和效益的内在要求,是坚持以人为本、促进社会和谐的必然选择,是全面建成小康社会、实现中华民族伟大复兴中国梦的时代抉择,是积极应对气候变化、维护全球生态安全的重大举措",要求"健全生态文明制度体系","加快建立系统完整的生态文明制度体系,引导、规范和约束各类开发、利用、保护自然资源的行为,用制度保护生态环境"③,健全法律法规,完善标准体系,健全自然资源资产产权制度和用途管制制度,完善生态环境监管制度,严守资源环境生态红线,完善经济政策,推行市场化机制,健全生态保护补偿机制,健全政绩考核制度,完善责任追究制度,加强执法监督。整体而言,该《意见》为我国生态文明建设进行了系统性的顶层设计,加强了环境行政管制制度建设,同时更加注重市场化机制的利用。2015年9月,中共中央、国务院印发了《生态文明体制改革总体方案》,进一步明确了生态文明建设的基本理念、指导思想、原则、政策措施、体制机制和基本制度,要求"推进生态文明领域国家治理体系和治理能力现代化,努力走向社会主义生态文明新时代","到2020年,构建起由自然资源资产产权制度、国土空间开发保护制度、空间规划体系、资源总量管理和全面节约制度、资源有偿使用和生态保护补偿制度、环境治理体系、环境治理和生

---

① 中共中央.中共中央关于全面深化改革若干重大问题的决定[EB/OL].(2013-11-15)[2022-08-15].http://www.gov.cn/jrzg/2013-11/15/content_2528179.htm.
② 中共中央.中共中央关于全面推进依法治国若干重大问题的决定[J].中国法学,2014(6):5-19.
③ 中共中央,国务院.中共中央 国务院关于加快推进生态文明建设的意见[N].人民日报,2015-05-06(001).

态保护市场体系、生态文明绩效评价考核和责任追究制度等八项制度构成的产权清晰、多元参与、激励约束并重、系统完整的生态文明制度体系"①。2015年10月,党的十八届五中全会通过的《中共中央关于制定国民经济和社会发展第十三个五年规划的建议》,将绿色发展纳入新发展理念。

我国"生态文明建设正处于压力叠加、负重前行的关键期,已进入提供更多优质生态产品以满足人民日益增长的优美生态环境需要的攻坚期,也到了有条件有能力解决突出生态环境问题的窗口期","解决人民日益增长的美好生活需要和不平衡不充分的发展之间的矛盾对生态环境保护提出许多新要求"②。面对严峻的环境形势,2017年10月,党的十九大报告提出:"建设生态文明是中华民族永续发展的千年大计。必须树立和践行绿水青山就是金山银山的理念,坚持节约资源和保护环境的基本国策,像对待生命一样对待生态环境,统筹山水林田湖草系统治理,实行最严格的生态环境保护制度,形成绿色发展方式和生活方式,坚定走生产发展、生活富裕、生态良好的文明发展道路,建设美丽中国,为人民创造良好生产生活环境,为全球生态安全作出贡献。"党的十九大报告还明确了生态文明建设的具体实施目标,即到2020年,全面建成小康社会,统筹推进经济建设、政治建设、文化建设、社会建设、生态文明建设;到2035年,生态环境根本好转,美丽中国目标基本实现;到21世纪中叶,我国物质文明、政治文明、精神文明、社会文明、生态文明将全面提升,实现国家治理体系和治理能力现代化。③

2018年3月,十三届全国人大一次会议通过的《中华人民共和国宪法修正案》第三十二条提出:"推动物质文明、政治文明、精神文明、社会文明、生态文明协调发展,把我国建设成为富强民主文明和谐美丽的社会主义现代化强国,实现中华民族伟大复兴。"这标志着生态文明理念在我国

---

① 中共中央,国务院.生态文明体制改革总体方案[EB/OL].(2015-09-21)[2022-08-17]. http://www.gov.cn/guowuyuan/2015-09/21/content_2936327.htm.

② 中共中央,国务院.中共中央 国务院关于全面加强生态环境保护 坚决打好污染防治攻坚战的意见[J].中国生态文明,2018(3):6-14.

③ 习近平.决胜全面建成小康社会夺取 新时代中国特色社会主义伟大胜利:在中国共产党第十九次全国代表大会上的报告[N].人民日报,2017-10-28(001).

有了根本法保障。此后,系统性的、完整化的生态文明理念发展成型,生态文明实践获得深入发展。2018年5月,习近平总书记在全国生态环境保护大会上系统完整地阐述了生态文明思想,提出了新时代推进生态文明建设必须坚持好的六项原则:一是坚持人与自然和谐共生;二是绿水青山就是金山银山;三是良好生态环境是最普惠的民生福祉;四是山水林田湖草是生命共同体;五是用最严格制度最严密法治保护生态环境;六是共谋全球生态文明建设。习近平总书记还在此次大会上指出,加快构建"以治理体系和治理能力现代化为保障的生态文明制度体系","确保到2035年节约资源和保护环境的空间格局、产业结构、生产方式、生活方式总体形成,生态环境质量实现根本好转,生态环境领域国家治理体系和治理能力现代化基本实现,美丽中国目标基本实现。到本世纪中叶,建成富强民主文明和谐美丽的社会主义现代化强国,物质文明、政治文明、精神文明、社会文明、生态文明全面提升,绿色发展方式和生活方式全面形成,人与自然和谐共生,生态环境领域国家治理体系和治理能力现代化全面实现,建成美丽中国"。① 2018年6月,《中共中央 国务院关于全面加强生态环境保护 坚决打好污染防治攻坚战的意见》将"决胜全面建成小康社会,全面加强生态环境保护,打好污染防治攻坚战,提升生态文明,建设美丽中国"作为根本指导理念,明确了生态文明建设的总体目标和具体任务,提出"到2020年,生态环境质量总体改善,主要污染物排放总量大幅减少,环境风险得到有效管控,生态环境保护水平同全面建成小康社会目标相适应"②。2019年10月,党的十九届四中全会通过的《中共中央关于坚持和完善中国特色社会主义制度 推进国家治理体系和治理能力现代化若干重大问题的决定》对"坚持和完善生态文明制度体系,促进人与自然和谐共生"③进行了整体部署,并指出:"生态文明建设是关系中华民族永续发展的千年大计。必须践行绿水青山就是金山银山的理念,坚持节

---

① 习近平.推动我国生态文明建设迈上新台阶[J].奋斗,2019(3):1-16.
② 中共中央,国务院.中共中央 国务院关于全面加强生态环境保护 坚决打好污染防治攻坚战的意见[EB/OL].(2018-06-24)[2022-08-19].http://www.gov.cn/zhengce/2018/06/24/content_5300953.htm.
③ 中共中央.中共中央关于坚持和完善中国特色社会主义制度 推进国家治理体系和治理能力现代化若干重大问题的决定[J].新湘评论,2019(22):8-19.

约资源和保护环境的基本国策,坚持节约优先、保护优先、自然恢复为主的方针,坚定走生产发展、生活富裕、生态良好的文明发展道路,建设美丽中国"。①

二、生态文明背景下的治理理论

治理理论是 20 世纪 90 年代后发展起来的一种理论。20 世纪中后期,随着西方国家公共管理危机的出现,科层组织体制调节弊端的显露,市场失灵现象的广泛存在,以及社会组织群体势力的兴起,西方政治学者、公共管理学者、经济学者开始对传统的国家统治、国家管理理论进行反思,不断赋予"管理"(governance)一词以新的含义,并在不同社会学科领域进行应用和发展。

(一) 治理理论的内涵

在西方,治理的本意是控制、引导和操纵,是指在特定范围内行使权威。它包含统治、管理的意义。"长期以来,它与'统治'一词交叉使用,主要用于和国家的公共事务相关的管理活动与政治活动中。"② 英国学者 R.罗茨教授认为,治理意味着"'统治的含义有了变化,意味着一种新的统治过程,意味着有序统治的条件已经不同于以前,或是以新的方法来统治社会。'他列举了六种关于治理的不同定义:(1)作为最小国家的管理活动的治理,它指的是国家削减公共开支,以最小的成本取得最大的效益。(2)作为公司管理的治理,它指的是指导、控制和监督企业运行的组织体制。(3)作为新公共管理的治理,它指的是将市场的激励机制和私人部门的管理手段列入政府的公共服务。(4)作为善治的治理,它指的是强调效率、法治、责任的公共服务体系。(5)作为社会—控制体系的治理,它指的是政府与民间、公共部门与私人部门之间的互动与合作。(6)作为自组织网络的治理,它指的是建立在信任与互利基础上的社会协调网络。"③ 制度分析学派的奥斯特罗姆教授提出多中心治理理论,他认为在社会公共事

---

① 中共中央.中共中央关于坚持和完善中国特色社会主义制度 推进国家治理体系和治理能力现代化若干重大问题的决定[J].新湘评论,2019(22):8-19.
② 巢哲雄.关于促进国家生态环境治理现代化的思考[J].环境保护,2014(16):44-46.
③ 魏涛.公共治理理论研究综述[J].资料通讯,2006(Z1):56-61.

务的管理过程中,政府并非唯一的主体,而是"存在着包括中央政府单位、地方政府单位、政府派生实体、非政府组织、私人机构以及公民个人在内的许多决策中心,以多种形式共同行使主体性权力"①。全球治理委员会于1995年发表的《天涯成比邻》研究报告提出:"治理是各种公共的或私人的个人和机构管理其共同事务的诸多方式的总和。它是使相互冲突的或不同的利益得以调和并且采取联合行动的持续的过程。这既包括有权迫使人们服从的正式制度和规则,也包括各种人们同意或以为符合其利益的非正式的制度安排。"②全球治理委员会的这一解释在西方学界具有广泛影响力。

我国著名学者俞可平认为,从统治理论到治理理论是重要的理念创新和转变。治理指的是"政府组织和(或)民间组织在一个既定范围内运用公共权威管理社会政治事务,维护社会公共秩序,满足公众需要"③。治理与统治相比,具有五点不同:一是权威主体不同。统治的权威是单一的,就是国家公共权力;治理的主体是多元的,既可以是国家公共权力,也可以是社会组织、民间组织、企事业单位、基层社区组织、公民。二是权威性质不同。统治具有国家强制性;治理行为既可以是强制的,也可以是自愿的。三是权威来源不同。统治的权威来源是法律;治理的来源既可以是法律,也可以是社会契约。四是权力运行向度不同。统治运行的方向是自上而下的;治理的方向既可以是自上而下的,也可以是自下而上的,但更多是平行的。五是作用范围不同。统治的范围就是政府权力能够到达的地方,治理的范围远远超越统治的范围。④

由学者们提出的诸多定义观之,治理是对单一主体和单向度统治、管理模式的扬弃,是对多样主体能动性作用的发挥和互动关系的重视,目的是"在各种不同的制度关系中运用权力去引导、控制和规范公民的各种活动,以最大限度地增进公共利益"⑤,实现运作成本最小化。就国家公共事

---

① 陈广胜.走向善治[M].杭州:浙江大学出版社,2007:99.
② 俞可平.治理与善治[M].北京:社会科学文献出版社,2000:4.
③ 俞可平.治理与善治[M].北京:社会科学文献出版社,2000:1.
④ 俞可平.国家治理现代化的若干问题:上[N].福建日报,2014-06-08(007).
⑤ 俞可平.治理和善治引论[J].马克思主义与现实,1999(5):37-41.

务而言,治理是"政府制定和实施规则以及提供服务的能力"①,其"进一步拓展了政府改革的视角"②,"它隐含着一个政治进程,即在众多不同利益共同发挥作用的领域建立一致或取得认同,以便实施某项计划"③。需要特别说明的是,治理理论虽然强调治理主体的多元化,但是并没有否定政府在公共事务治理中的可能具有的主导地位和重要作用。

(二)融入生态文明建设的治理理论

生态文明是人类为保护和建设美好生态环境而取得的物质成果、精神成果和制度成果的总和,是贯穿于经济建设、政治建设、文化建设、社会建设全过程和各方面的系统工程,反映了一个社会的文明进步状态。《中共中央 国务院关于加快推进生态文明建设的意见》指出:"加快推进生态文明建设是加快转变经济发展方式、提高发展质量和效益的内在要求,是坚持以人为本、促进社会和谐的必然选择,是全面建成小康社会、实现中华民族伟大复兴中国梦的时代抉择,是积极应对气候变化、维护全球生态安全的重大举措。"④生态文明建设不但要求做好生态建设、环境保护、资源节约等,更重要的是要将生态文明理念放在突出的地位,融入经济建设、政治建设、文化建设、社会建设各方面和全过程。这也就意味着,生态文明建设既与经济建设、政治建设、文化建设、社会建设相并列从而形成五大建设,又要在经济建设、政治建设、文化建设、社会建设过程中融入生态文明的观点、方法。

治理理论在环境保护公共事务中获得广泛认可,在生态文明建设过程中发挥着重要的作用。党的十九大报告不仅把生态文明建设纳入"五位一体"总体布局,把绿色发展作为"五大发展"理念之一,更重要的是大大提升了生态文明建设在国家治理体系中的地位与作用,提出加强环境治理体系建设,"构建政府为主导、企业为主体、社会组织和公众共同参与

---

① 弗朗西斯·福山. 什么是治理[J]. 刘燕,闫健,译. 中国治理评论,2013(2):1-22.
② 陈广胜. 走向善治[M]. 杭州:浙江大学出版社,2007:95.
③ 俞可平. 治理与善治[M]. 北京:社会科学文献出版社,2000:16-17.
④ 中共中央,国务院. 中共中央 国务院关于加快推进生态文明建设的意见[N]. 人民日报,2015-05-06(001).

的环境治理体系","不断推进国家治理体系和治理能力现代化"①。治理理论之所以能够延伸到环境保护领域,并为环境保护决策者所青睐,是因为治理理论具有较强的解释力。

首先,环境问题具有的经济属性、社会属性和政治属性,决定了环境问题涉及领域广泛、使用工具多样。环境问题主要是经济发展过程中产生的问题,但是"如果忽视环境问题的社会原因和社会影响,忽视环境问题的社会属性和政治属性,仍然以单纯的技术观点和对象化的态度看待环境问题,那么不仅无助于实现改善环境状况的直接目标,而且可能引发新的社会政治问题"②。治理理论强调政府、企事业单位、公民等的环境保护参与,强调治理过程的透明性、开放性,通过整合多样的政治、经济、社会资源,实现环境保护的既定目标,是整合多重领域和多种工具的有力理论。

其次,环境公共物品或准公共物品特征决定了治理理论在环境保护领域有生存的土壤和发展的空间。现代经济学理论认为,人类利用的消费品大致分为私人物品和公共物品两大类。私人物品具有私有性和排他性特征,公共物品具有非排他性、不可分割性等特征。环境作为所有人生存和发展的基础,属于典型的公共物品。再细化一点讲,环境公共物品具体包括三类:一是纯公共物品,如清洁空气等,这类物品同时具有消费上的非排他性与非竞争性特征;二是俱乐部物品,如垃圾填埋场、污水处理厂等,这类物品具有消费上的排他性与非竞争性的特征;三是共有资源,如环境容量、水资源、公共牧场、排污区等,这类物品具有消费上的非排他性与竞争性。不管是哪一类公共物品,其自身具有的特征决定了市场规律无法有效配置环境这种公共资源或者市场无法通过配置环境资源使投资者获得广泛的私人利益。③ 在这种情况下,私人不具备提供环境公共物品的意愿,环境公共物品只能主要依赖国家提供,而国家提供环境公共物品的过程属于公共事务服务的范畴。

---

① 习近平.决胜全面建成小康社会,夺取新时代中国特色社会主义伟大胜利[N].人民日报,2017-10-28(001).
② 洪大用.关于中国环境问题和生态文明建设的新思考[J].探索与争鸣,2013(10):4-10.
③ 席恒.公共物品供给机制研究[D].西安:西北大学,2003.

再次，社会公众环境意识觉醒，广泛要求参与环境事务，为生态文明建设贡献力量。环境与人们的生产生活息息相关，影响每个人的健康与福祉的实现。随着经济生活水平的提升，公众已经不满足于物质生活的富裕，对美好环境的期望越来越高。"随着我国社会主要矛盾转化为人民日益增长的美好生活需要和不平衡不充分的发展之间的矛盾，人民群众对优美生态环境需要已经成为这一矛盾的重要方面，广大人民群众热切期盼加快提高生态环境质量。"① 在这种背景下，越来越多的人开始关注环境保护，迫切希望参与环境公共管理事务，与政府一同解决生态文明建设落后于经济社会发展的现实矛盾。

最后，政府无法垄断环境公共物品供应，需要借助市场力量和社会力量。长期以来，政府是环境公共物品的唯一供应者。然而，政府自身也有一些难以克服的缺点，具体表现为提供环境公共物品的能力不足、效率有限等。20世纪70年代开始，西方发达国家掀起新公共管理改革运动，以提高公共管理水平和公共服务质量为重点，对政府管理进行改革。此次改革运动打破了政府作为唯一权力中心的格局，强化了社会和市场的作用，推动了政府从管理型向服务型转变，并加强了对政府权力行使的外部监督。

当然，治理理论融入生态文明建设，会根据环境的特点和环境保护的现实需要适当地进行理论调整，以保持在环境公共事务中的良好解释力和强大生命力，从而与时俱进地形成环境治理理论。环境治理理论对治理理论的发展主要表现为两个方面：一方面，环境治理理论强调尊重生态规律，以保持治理理论在环境保护领域的生命力。环境公共事务治理活动的开展需要尊重自然科学，在指导理念和制度设计上接受生态规律的束缚，确立尊重自然、顺应自然、保护自然的理念。生态规律是生物与环境在相互联系、相互作用中形成的先天规定，包括物物相关律、相生相克律、负载有额律、能流物复律、协调稳定律、时空有宜律等。治理理论必须遵从环境的上述先天规定，以保障其在环境保护中的生命力，环境治理理论由此得以建构。另一方面，从根本上来讲，环境问题是由于人违背生态

---

① 习近平.推动我国生态文明建设迈上新台阶[J].奋斗，2019(3):1-16.

规律,超出环境承载力来追求自身利益而引发的问题。环境治理理论抓住了环境问题的实质,以着力解决环境问题为根本落脚点。

第二节 环境治理现代化理论

环境治理现代化是国家治理现代化的重要组成部分,是新时代构建人与自然和谐发展新格局、实现生态文明建设目标的关键性制度保障。环境治理现代化是对传统环境管理模式的扬弃,强调在尊重治理的核心价值、内在规定性的基础上,根据环境的内在属性和环境保护的现实需要进行制度调试,发挥治理理论在环境保护中的重要作用。环境治理现代化体现了"环境治理的新思想、新理念、新战略、新境界,标志环境治理理念从传统到现代的重大跨越,意味着环境治理的结构、手段、目标的全面创新"[①],对我国统筹推进"五位一体"总体布局以及协调推进"四个全面"战略布局,实现"两个一百年"奋斗目标和中华民族伟大复兴发挥着极为重要的作用。2019年10月,党的十九届四中全会将国家治理现代化列为全党的一项重大战略任务。2019年11月,中共中央全面深化改革委员会第十一次会议审议通过了《关于构建现代环境治理体系的指导意见》,提出"以推进环境治理体系和治理能力现代化为目标,建立健全领导责任体系、企业责任体系、全民行动体系、监管体系、市场体系、信用体系、法律政策体系,落实各类主体责任,提高市场主体和公众参与的积极性,形成导向清晰、决策科学、执行有力、激励有效、多元参与、良性互动的环境治理体系,为推动生态环境根本好转、建设美丽中国提供有力的制度保障"[②],"进一步明确了中国现代环境治理体系的任务书、时间表和路线图,不仅为健全新时代中国环境治理体系指明了方向,也对生态文明时代如何处理环境法与传统法律的关系以及如何处理环境保护单约法之间的关系提

---

① 赵红梅,李梦莹.环境治理及其现代化[J].马克思主义哲学研究,2018(2):266-273.
② 中共中央办公厅,国务院办公厅.关于构建现代环境治理体系的指导意见[EB/OL].(2020-03-03)[2022-08-16].http://www.gov.cn/zhengce/2020-03/03/content_5486380.htm.

出了新的课题"①。2020年3月,中共中央办公厅、国务院办公厅印发了《关于构建现代环境治理体系的指导意见》,要求"牢固树立绿色发展理念,以坚持党的集中统一领导为统领,以强化政府主导作用为关键,以深化企业主体作用为根本,以更好动员社会组织和公众共同参与为支撑,实现政府治理和社会调节、企业自治良性互动,完善体制机制,强化源头治理,形成工作合力,为推动生态环境根本好转、建设生态文明和美丽中国提供有力制度保障。"②

一、环境治理现代化的基本构成

德国学者马丁·耶内克认为,环境治理的路径有环境修复补偿、环境问题末端治理、环境治理现代化、社会结构性改革四种。前面两种路径通过对环境不友好性产品及其生产过程所造成的环境损失进行修复或补偿或采取清洁过滤等措施解决环境问题,属于补救性策略;后面两种路径主要属于预防性策略。在环境治理的四种路径中,补救性策略采取"先破坏再修复""先污染再治理"的模式,导致解决环境问题的成本高昂、周期较长、实效不佳等;而社会结构性改革因牵扯面广,短期内难以满足环境保护的迫切需要;在这样的情况下,环境治理现代化作为一种立足于环境保护的实际、优先采用预防性策略、兼顾采用补救性策略的环境保护理论,具有明显的优势。

(一)环境治理现代化内涵

改革开放以来,我国在取得举世瞩目的发展成就同时,也产生了严峻的环境问题,引发了人与自然深层次的矛盾。为有效地解决当前面临的环境矛盾和问题,加快形成人与自然和谐发展的现代化建设新格局,深入持久地推进生态文明建设,开创社会主义生态文明新时代,学界迫切需要探索符合新时代特征的环境保护理论。当前,随着我国社会主要矛盾的转变,我国"生态文明建设正处于压力叠加、负重前行的关键期,已进入提

---

① 吕忠梅.论环境法的沟通与协调机制:以现代环境治理体系为视角[J].法学论坛,2020(1):5-12.
② 中共中央办公厅,国务院办公厅.关于构建现代环境治理体系的指导意见[EB/OL].(2020-03-03)[2022-08-16].http://www.gov.cn/zhengce/2020/03/03/content_5486380.htm.

供更多优质生态产品以满足人民日益增长的优美生态环境需要的攻坚期,也到了有条件有能力解决突出生态环境问题的窗口期"①。环境保护也需要顺应现代化发展的新形势并与时俱进地做出改变,"必须坚持节约资源和保护环境基本国策,坚持节约优先、保护优先、自然恢复为主方针,立足我国社会主义初级阶段的基本国情和新的阶段性特征,以建设美丽中国为目标,以正确处理人与自然关系为核心,以解决生态环境领域突出问题为导向,保障国家生态安全,改善环境质量,提高资源利用效率,推动形成人与自然和谐发展的现代化建设新格局"②。

环境治理是在生态文明理念的指导下,以遵循自然规律和客观实际为前提,以修复、保护环境为主旨,通过政府、企事业单位、社会组织、公民等共同参与,着力创新理念思路、优化方法手段、完善体制机制、构建崭新格局,最终实现人与自然、社会和谐相处的治理过程。③ 由是观之,环境治理理论是一种以生态文明为指导,遵从自然规律,融合环境的自然属性、经济属性、政治属性、社会属性,有效整合多重领域和多种工具的理论。

环境治理现代化是通过构建科学化、制度化、规范化、精细化的环境治理制度体系,整合多种多样的治理手段或方式,促进环境治理主体运用法治思维、法治方法、法律制度治理环境,"在内生性演化和创造性转化的过程中实现多元交互共治,不断推进制度现代化、参与多元化、治理普及化和实践本土化的过程"④。环境治理现代化可以进一步细分为环境治理体系现代化和治理能力现代化这两个紧密相连、相互协调的部分。环境治理体系现代化强调治理结构的完整性、协调性,环境治理能力现代化侧重治理功能的有效性。实际上,环境治理体系现代化和环境治理能力现代化是一个有机整体,两者相辅相成。只有形成现代化的环境治理体系,

---

① 中共中央,国务院.中共中央 国务院关于全面加强生态环境保护坚决打好污染防治攻坚战的意见[J].中国生态文明,2018(3):6-14.
② 俞可平.生态治理现代化越显重要和紧迫[N].北京日报,2015-11-02(17).
③ 林建成,安娜.国家治理体系现代化视域下构建生态治理长效机制探析[J].理论学刊,2015(3):86.
④ 夏志强,李天云.国家治理现代化的多维解读与推进[J].成都大学学报(社会科学版),2019(1):1-7.

才能孕育高水平的环境治理能力;只有不断推进环境治理能力现代化,才能更好发挥环境治理体系的效能。

要深入理解环境治理现代化,就需要把握环境治理现代化的本质特征。环境治理现代化的本质特征是充分调动多元主体环境保护的积极性,构建政府为主导、企业为主体、社会组织和公众共同参与的生态环境治理体系,以发挥合力从而更好地维护环境公共利益。首先,环境治理现代化是从一元垄断到多元协同的转变。传统的环境行政管理具有明显的强制性和命令性,属于"一种单向的、自上而下的、等级森严的'线状'控权模式"①,实施依赖于权力所具有的强制力,这种模式最大的弊端是缺乏对于行政权力的外部制约。环境治理现代化既包含政治权力自上而下的要求,也包含平等主体间的协商合作,还包含自下而上的请求,从而超越了传统政治管理模式所内生的错综复杂的等级结构。由此看来,从环境行政管理到环境治理现代化的转变,实际上是从权威型的单一行政管理主体向多元性环境治理主体的转变,是从单一的"命令—控制"式手段措施到灵活多样治理方式的转变,是从环境行政管理主体的单一环境管理意愿向社会多样性环境保护需求满足的转变。其次,环境治理现代化是从全能型政府到有限政府、服务政府的转变。在全能型政府中,政府垄断了一切公共资源,力图事无巨细地处理所有公共事务;而有限政府、服务政府则承认政府存在失灵、低效等不足,在某些方面、某些领域注重发挥市场在资源配置中的基础作用和社会在资源配置中的自发调节作用,减少对市场、社会的直接干预,优化资源要素配置,形成"政府—市场—社会"协同共生、合作共赢的环境治理模式。

(二)环境治理现代化构成要素

环境治理现代化涉及谁来治理环境、如何治理环境、依靠什么治理环境三个最为基本的问题。这三个问题分别对应着环境治理现代化的环境治理主体、环境治理机制和环境治理工具三大构成要素。

1. 环境治理主体

在环境治理现代化中,环境治理主体多元化表现为:一切自然人、

---

① 吴德慧.国家治理体系和治理能力现代化的路径探析[J].科学社会主义,2014(2):38-41.

法人或其他组织都可能成为环境治理主体。就这些多元化的环境治理主体而言,政府、企事业单位、社会组织和社会公众发挥的作用更明显些。

环境的特点和政府的职能决定了政府是最主要的环境公共物品提供者和环境治理承担者。"环境本身对人类生存的基础性以及它的生态系统性、不可分割性等特征,使得环境物品本身具有很强的公共性特征,它存在很强的消费的非排他性与非竞争性特征,依靠市场供给是无效率的。"①为了避免环境公共物品出现"公地的悲剧"现象,承担公共事务管理职能的政府需要切实承担起保护环境的主要职责。

企事业单位,尤其是企业,是环境治理的关键力量。之所以这样说,是因为环境问题主要是在经济发展过程中产生的问题,而企业是经济活动的最主要参与者。"经济全球化提升了社会的生产能力和消费欲望,并由此导致对资源的掠夺性开发和无节制滥用。"②受利己主义的影响,企业往往会无视环境保护的要求,不愿牺牲获取的经济利润而采取环境友好型生产经营行为,企图通过内部成本外部化方式来转嫁环境损害的成本。在这种情况下,我们就需要建立一种科学的约束机制和激励机制,迫使或促使企业承担起应有的环境保护责任。

社会组织,尤其是环保组织,是环境治理现代化的重要参与者。环保组织"是以人与环境的和谐发展为宗旨,从事各类环境保护活动,为社会提供环境公益服务的非营利性社会组织,包括环保社团、环保基金会、环保民办非企业单位等多种类型"③。环保组织通过一定的程序和途径参与环境治理,对侵害其参与权的行为寻求法律保护和救济,这是环境民主原则的体现,已被国际社会广泛认可。《里约宣言》原则十指出:"环境问题最好是在全体有关市民的参与下,在有关级别上加以处理。在国家一级,每一个人都适当地获得公共当局所有的关于环境的资料,包括关于在其社区内的危险物质和活动的资料,并有机会参与各项决策的进程。各国

---

① 罗文君.论我国地方政府履行环保职能的激励机制[D].上海:上海交通大学,2012.
② 劳动科学研究所课题组.企业社会责任运动应对策略研究[J].中国劳动,2004(9):4-11.
③ 环境保护部.环境保护部关于培育引导环保社会组织有序发展的指导意见[J].环境保护,2011(1):8-9.

应通过广泛提供资料来便利及鼓励公众的认识和参与,应让人人都能有效地使用司法和行政程序,包括补偿和补救程序。"①《21世纪议程》特别强调加强个人、团体和非政府组织在履行已商定的计划中的作用,并认为,公众的广泛参与和社会团体的真正介入是实现可持续发展的重要条件之一。在我国,环保组织可以单独或者通过与政府、其他公权力机关、企事业单位、社会公众等主体合作,参与环境保护政策的制定与实施,监督企业的环境行为,推动公众环境保护参与,促进环境保护的国际交流与合作等,成为连接公权力机关、企事业单位与社会公众之间的桥梁与纽带。

社会公众是环境治理的关键参与者,也是环境治理目标实现的可靠力量。环境是所有人赖以生存和发展的基础,由此决定了环境治理现代化是所有人共同的事业。环境治理现代化水平"不仅显示政府的生态建设、开发和管理能力,而且显示公民社会的生态自觉"②。将环境保护事业建立在公众的广泛参与、支持和监督的基础上,吸收公众参与环境管理,既是坚持人民主体地位、保护公民环境权益的需要,也是畅通公民表达渠道、发扬环境民主、做好环境保护工作的重要途径。正如习近平总书记在党的十九大报告中指出的,要打造共建共治共享社会治理格局,就必须"加强社会治理制度建设,完善党委领导、政府负责、社会协同、公众参与、法治保障的社会治理体制,提高社会治理社会化、法治化、智能化、专业化水平"③。

2. 环境治理机制

环境治理机制构建是一个动态的、开放的、在探索中不断完善的过程。多元化治理主体广泛参与环境治理,在协同的过程中可以交流经验、深化认识,为环境治理机制的完善奠定基础。环境治理机制的完善,需要关注四个方面的内容:第一,了解不同类型、不同地域环境问题产生的主

---

① 中国法学会环境资源法学研究会,环境保护部政策法规司.可持续发展·环境保护·防灾减灾:2012年全国环境资源法学研究会(年会)论文集[C].中国法学会环境资源法学研究会,2012.

② 汪仕凯.后发展国家的治理能力:一个初步的理论框架[J].复旦学报(社会科学版),2014(3):161.

③ 习近平.决胜全面建成小康社会 夺取新时代中国特色社会主义伟大胜利:在中国共产党第十九次全国代表大会上的报告[N].人民日报,2017-10-28(001).

要原因,分析并把握影响环境治理效果的关键因素。关键因素的选取应当大体准确反映环境问题的真实状况,反映不同影响因素之间的相互依存关系和相互作用方式。第二,了解不同的环境治理主体及其各自的环境治理能力,分析在一个多样化、多维度的社会环境中协调各种环境利益关系的现实可能性,把握环境治理主体的治理意愿、力度和限度。第三,建立多元环境治理主体协调沟通的方法,构建动态的、互动的交流方式。在这一过程中重视推动环境治理主体对各自所提的方案进行自我反思。第四,引导环境治理主体建立共同的世界观,加强治理主体高层的领导力,促进社会互信,确立有助于稳定主要环境治理主体的理想信念和行为准则、鼓励治理主体持续服从统一的协调性安排。①

构建科学合理的环境治理机制能够有效发挥政府、市场、社会、司法的协同作用,实现治理手段多样化、治理结构动态稳定化、治理体系法制化。完善环境治理机制,需要重塑约束机制、利益协调机制和公共事务协商体制,形成"政府为主导、企业为主体、市场有效驱动、全社会共同参与的治理格局"②。政府要认识到环境行政权力的限度和市场、社会环境治理的力度。环境"存在很强的消费的非排他性与非竞争性特征,依靠市场供给是无效率的"③,在这种情况下,政府必然要肩负起环境治理的主要责任。但是,这并不是说在环境保护过程中政府要继续强化环境行政权力,压缩市场、社会在环境保护中发挥作用的空间,而是说政府需要主动转变角色,有所为、有所不为,从管制型、全能型政府向生态服务型政府转变,取消一些通过市场调节、社会自治便能解决相关问题的环境行政权力,促进市场机制和社会能动性的有效发挥。就企业而言,要严格遵守环境法律规定,牢固树立环境保护社会责任理念,通过技术创新与改造,减少环境污染物排放,积极参与环境治理,塑造环保型企业良好形象。就环保组织而言,要广泛吸收公众参与环保事业,培养公民环保意识,加强与政府、其他公权力机关、企事业单位的环境治理合作与监督。就社会公众而言,

---

① 鲍勃·杰索普,漆燕.治理的兴起及其失败的风险:以经济发展为例的论述[J].国际社会科学杂志(中文版),1999(1):31-48.
② 孙荣,张旭.国家生态治理现代化的云端思维[J].情报科学,2017(7):114-119.
③ 罗文君.论我国地方政府履行环保职能的激励机制[D].上海:上海交通大学,2012.

要牢固树立生态文明理念,树立并践行绿色消费理念,广泛参与环境保护。由是观之,完善环境治理机制以构建新的治理格局,所采取的核心途径并不是"通过有效制度安排,实现公众在环境公共政策、法律制定与执行等方面的全过程参与,以确保公众在其中的功能地位和作用,进而创造政府、市场、社会的扁平化关系"①,而是在强化政府环境行政规制、加强对政府环境行政行为监督的基础上,充分释放企业、市场、社会公众在环境保护过程中的活力,发挥好不同环境治理主体的应有作用。

3. 环境治理工具

环境治理现代化是多元化的环境治理主体运用多样化的手段所开展的环境保护活动。在环境治理现代化过程中,环境行政管理制度、环境市场调节制度、环境社会治理制度、环境损害救济制度是四种最为重要的治理工具。这四大工具相互配合,共同组成一个有机的、协调的、开放的和系统的环境治理现代化制度体系。

二、环境治理现代化的基本原则

环境治理与一般的社会治理不同,一般的社会治理调整的是人与人之间所产生的社会关系,而环境治理不仅要调整人与人之间因开发、利用、保护环境而产生的社会关系,还直接调整人与自然的关系。也就是说,环境治理现代化有"两个面向":第一个面向的是人与人;第二个面向的是人与环境。在上述"两个面向"中,第一个面向是为第二个面向服务的,或者说解决人与环境之间的矛盾才是环境治理现代化的终极目的。环境治理现代化在解决人与环境之间的矛盾、实现终极目的的过程中,应当秉承下述五项原则。

(一)尊重生态规律

环境治理现代化建立在对自然科学认识的基础之上,科学性是环境治理与社会治理的一大显著不同点。自然有其不以人的意志为转移、不屈服于人的意志的客观规律性,如物物相关律、相生相克律、负载有额律、能流物复律、协调稳定律、时空有宜律等。物物相关律揭示了生态系统的

---

① 钭晓东.论新时代中国环境法学研究的转型[J].中国法学,2020(1):202-220.

整体性和环境要素间的关联性。相生相克律表明,生态系统中每一生物种都占据一定的位置,具有特定的作用,它们相互依赖、彼此制约、协同进化。习近平同志关于山水林田湖草沙是一个生命共同体的论述,阐述的就是生态系统各要素间相互依存、相互影响的物物相关律和相生相克律。"人的命脉在田,田的命脉在水,水的命脉在山,山的命脉在土,土的命脉在树。如果种树的只管种树、治水的只管治水、护田的单纯护田,很容易顾此失彼,最终造成生态的系统性破坏。"① 物物相关律、相生相克律要求我们把环境作为一个整体来对待,在环境治理现代化过程中需要用系统性、整体性逻辑思维保护环境,将无生命物质、生产者、消费者和分解者视为系统化的整体,保持环境各组成部分、各要素间的平衡。负载有额律揭示任何生态系统都有一个大致的负载能力上限,包括一定的生物生产能力、吸收消化污染物的能力、忍受一定程度的外部冲击的能力。这就要求污染物的排放必须在自然承载力和环境容量限度以内,自然资源的开发利用必须在其供给能力以内,如果不遵守这一规律,超出一定的限度利用自然,就会导致自然功能的破坏,环境问题发生。能流物复律指出,生态系统中能量在不断地流动,物质在不停地循环。协调稳定律揭示,只有在结构和功能保持相对协调时生态系统才是稳定的。时空有宜律揭示,每一个地方都有其特定的自然和社会经济条件组合构成的独特的区域生态系统。由此可见,环境保护要取得成效,就必须遵循自然规律。

(二) 重视现代技术应用

环境保护离不开现代技术的支撑。环境治理现代化既需尊重自然规律,又应适应技术发展,重视采用现代化的技术措施。在环境保护过程中,大气污染防治技术、固体废物处理技术、水体净化技术、遥感技术等发挥着至关重要的作用,是环境质量改善必不可少的技术支撑。与此同时,信息技术的发展增强了政府的环境监管能力,政府通过大数据资源的应用,整合政府、市场、社会环境数据,可以实现环境保护决策的科学化;可以依托现代信息通信技术,推动全流域、跨区域联防联控,推进多元主体

---

① 中共中央宣传部.习近平总书记系列重要讲话读本[M].北京:学习出版社,人民出版社,2016:236.

高效协同治理;可以采用大数据、云计算等智能技术,突破拉网式人力检查的事后监管模式,实现环境监管的前瞻性和精准化;可以依托"互联网+"技术,创新环境公共服务模式,为多元主体参与环境治理提供基础服务保障。① 此外,企业主动采用环境友好型技术进行清洁生产,实践减量化、再利用、再循环的原则,大力发展循环经济,可以有效减少大气污染物、水污染物、固体废物等的产生,有效降低自然开发利用强度。

(三) 完善制度体系设计

环境治理现代化需要建立相对完善的制度体系,充实环境保护的制度工具包。环境治理现代化是一个渐进的过程,在环境保护过程中,随着认识的深化和环境治理的现实需要,环境治理现代化的具体制度会不断增减,环境治理现代化制度体系会不断优化。

环境治理制度的连贯性是制度体系设计完善的必然要求。我国环境治理制度体系在"摸着石头过河"中逐步建立起来。由于一些制度属于舶来品,这类制度是否适应我国环境保护的现实需要,有待于实践的进一步检验;还有一些制度是由我国创设的,具有明显的本土特色,是在边实践、边总结的基础上将行之有效的做法规范下来的。不管是借鉴的制度还是自创的制度,在制度实施过程中,国家都应当保持制度实施的连贯性,保障制度实施的可预期性,保证制度实施能够稳定产生预期的效果。如果制度实施的连贯性不足,实施效果往往会受到严重影响。以运动式环境治理、风暴式环境治理为例,这类环境保护措施具有很强的威慑力,在实施过程中效果明显,但是这类环境治理措施一旦停止执行,由于缺乏连贯性的监管措施,环境污染和生态破坏行为往往又会死灰复燃,环境问题又会旧态复萌。环境治理现代化要求尽可能少地采用运动式治理模式或者风暴式治理模式,非紧急情况下尽量不采用临时性的禁限措施,以增强环境保护制度的常态性、规范性、连贯性和稳定性。

环境治理制度的协调性是制度体系设计完善的必然选择。环境治理现代化要求建立一个有机的、协调的制度体系,形成从中央国家机关到地方各级行政机关及其职能部门,从单个地域行政机关到全流域、整个区域

---

① 孙荣,张旭.国家生态治理现代化的云端思维[J].情报科学,2017(7):114-119.

行政机关,从环境行政管理到市场治理、社会治理,从环境立法到环境守法、执法、司法,各种制度相互协调、密切配合的统一整体。

环境治理制度的有效性是制度体系设计完善的应有之义。有效性是对环境治理效果的终极评价标准。有效性意味着环境治理制度发挥出了应有的作用,在环境保护中产生了积极的效果,也意味着一定的环境要素投入(如经济投入、精力投入、制度投入等)获得了良好的环境质量产出。要强化环境保护制度的有效性,就需要完善环境保护责任规定。这里的责任是指对他人、对社会、对环境应尽的义务,并不是指因违反法律规定所应当承担的否定性法律后果。环境治理现代化要求多元化的治理主体主动承担起自己应负的环境保护责任。政府应当严格执法、廉洁奉公,具有环境行政管理的责任心,对环境行政管理行为负责,对企事业单位、社会公众提出的环境治理要求及时、负责地做出反应,不得无故拒绝、拖延或不作为,必要时还应当定期、主动地向社会征询意见、解释政策和回答质询。企业应承担起应尽的社会责任,在经济活动中认真考虑生产经营行为对环境可能产生的不利影响,并且以负责任的态度将企业生产经营对环境的负外部性影响降至尽可能低的法律许可水平。社会公众应当自觉主动承担环境责任,关注生态环境,节约能源资源,践行绿色消费,选择低碳出行,减少污染产生,呵护自然生态,参加环保实践,参与监督举报,共建美丽中国。①

(四)重视社会力量发挥

"公民参与是民主治理的实质性要素,官民共治、社会共治是通向善治的途径。生态治理也不例外,没有公民参与,就没有生态治理的现代化。"②西方环境治理的经验表明,仅靠政府的力量保护环境,不重视调动企业、社会组织、公民保护环境的积极性,环境治理的效果往往会大打折扣。多元化主体参与环境治理,能够实现程序民主与实质民主、间接民主与直接民主的融合,发挥参与式民主、协商民主的优势,培养社会的自主性和自治性,因而代表着环境治理现代化的发展趋势。鼓励多元主体参

---

① 生态环境部.公民生态环境行为规范(试行)[J].中国生态文明,2018(3):28.
② 俞可平.如何推进生态治理现代化?[J].中国生态文明,2016(3):74.

与环境治理的关键在于提高政府、企事业单位、社会公众等的环境保护意识,凝聚环境治理共识,通过环境治理决策参与、环境治理手段协调,加强对环境治理过程的监督,"努力实现生态领域的官民共治和社会共治"①。

环境信息公开透明是环境治理中社会力量发挥的基本前提和重要保障。在环境治理过程中,政府、企事业单位、社会公众等都有权合法地获取与环境保护有关的信息,如环境立法信息、环境政策制定信息、环境政策实施效果评价信息、环境质量信息、企业排污信息、环境影响评价信息等。政府既是不可或缺的环境治理主体,也是重要的环境信息来源渠道。政府应当及时、完整地通过媒介和其他公开途径向社会告知与环境治理有关的信息,以便其他公权力机关、企事业单位、社会公众便捷地掌握这类信息,从而有机会利用所掌握的环境信息依法进行监督。

(五) 秉持开放兼容立场

他山之石,可以攻玉。环境治理"虽然也与社会政治体制密切相关,但就其性质而言,具有更多的工具性,不同体制之间的生态治理经验可以相互学习借鉴"①。西方发达国家走过一条先污染、后治理的路子,付出了惨重的代价,震惊世界的八大公害事件即是明证。在环境治理现代化过程中,我们需要保持开放的心态,既需要吸取西方国家环境治理失败的教训,避免重蹈覆辙;也需要汲取它们的环境治理经验,尽可能地消化和吸收既有的有益成果。

---

① 俞可平.如何推进生态治理现代化?[J].中国生态文明,2016(3):74.

第二章 环境治理现代化与环境法律制度建设

经过多年的实践探索、理论总结和国外成果借鉴,我国的环境治理理论日趋成熟,环境治理制度体系日趋完善,环境治理现代化进程明显加快。在环境治理现代化进程中,我国的环境法律制度建设取得了尤为显著的成绩,环境保护法律制度体系基本确立,环境保护法治深入开展,环境保护工作有序推进。

第一节 环境治理现代化与环境法律制度关系

环境治理现代化融合了治理理论、生态文明理念、现代化理念,以解决环境问题为直接目标,以维护环境公共利益为最终目的,要求强化环境行政权的主导作用,加强其他公权力、企事业单位、社会公众对环境行政权的监督与制约,重视发挥市场机制的作用,注重发挥多元主体的参与作用,力求构建科学的、完善的、协调的、有效的制度体系。

与法律所保护的私益相比,环境利益具有突出的公共性特征,体现的是不特定多数人的共同利益。环境治理现代化致力于维护不特定多数人的环境公共利益。环境利益具有的公共性特征在诸多典型案例中得到突出体现,如中国生物多样性保护与绿色发展基金会(以下简称"绿发会")诉贵州宏德置业有限公司(以下简称"宏德公司")相邻通行权纠纷案。宏德公司开发乐湾国际城房地产项目,该项目配套建设高尔夫球场。该球场沿当地一条自然河流两岸建设,将河流圈入球场范围,且将球场周边封堵,妨碍当地群众的生活自由通行及沿河游览观赏。绿发会提起环境民事公益诉讼,请求宏德公司立即停止侵害,消除危险,排除妨碍并赔礼道歉。在该案的审理过程中,宏德公司拆除了案涉区域围栏,委托第三方机构编制了《贵阳市乐湾国际开放空间规划》,对整个片区进行了统一规划,规划方案设计了公众自由通行通道,使得公众能够沿河观赏。经贵州省清镇市人民法院主持调解,双方达成和解。在该案中,宏德公司的建设项目侵占了环境公共资源,侵犯了作为不特定主体的社会公众的通行、游览、观赏等环境公共利益。

一、环境治理现代化为环境法律制度建设确立方向

环境治理现代化为环境法律制度建设提供理论支撑。环境治理现代化通过整合多样的治理手段或方式,构建科学化、制度化、规范化、精细化的环境治理制度体系,促进环境治理主体运用法治思维、法治方法、法律制度保护环境,"在内生性演化和创造性转化的过程中实现多元交互共治,不断推进制度现代化、参与多元化、治理普及化和实践本土化"①。环境治理现代化"最大限度表达环境公共利益,核心途径在于通过有效制度安排,实现公众在环境公共政策、法律制定与执行等方面的全过程参与,以确保公众在其中的功能地位和作用"②。对于环境法律制度建设而言,环境治理现代化为其确立了目标、指明了方向。正如2019年11月中央全面深化改革委员会第十一次会议审议通过的《关于构建现代环境治理体系的指导意见》所指出的,我国未来"以推进环境治理体系和治理能力现代化为目标,建立健全领导责任体系、企业责任体系、全民行动体系、监管体系、市场体系、信用体系、法律政策体系,落实各类主体责任,提高市场主体和公众参与的积极性,形成导向清晰、决策科学、执行有力、激励有效、多元参与、良性互动的环境治理体系,为推动生态环境根本好转、建设美丽中国提供有力的制度保障"③。

---

① 夏志强,李天云.国家治理现代化的多维解读与推进[J].成都大学学报(社会科学版),2019(1):1-7.
② 钭晓东.论新时代中国环境法学研究的转型[J].中国法学,2020(1):202-220.
③ 中共中央办公厅,国务院办公厅.中共中央办公厅 国务院办公厅印发《关于构建现代环境治理体系的指导意见》[J].中华人民共和国国务院公报,2020(8):11-14.

二、环境法律制度为环境治理现代化提供制度保障

环境治理措施多种多样,包括政治治理措施、行政治理措施、经济治理措施、社会治理措施等。在环境治理现代化中,由于这些措施的适用范围不同、适用领域各异、权威性不同、强制力不同,不同措施发挥作用的限度也就不同。要使环境治理过程具有权威性、稳定性、连续性,保障环境治理的有效性,国家权力机关需要对多样的治理措施进行归纳总结,通过立法程序把成熟的措施上升为规范性的法律制度,通过设定"允许性规范、授权性规范、禁止性规范等形式,要求法律关系主体应当做什么、不应当做什么和应当怎样做,达到调整社会关系、规范社会行为、维护社会秩序的目的"[1]。

党的十九大报告指出:"中国特色社会主义进入新时代,我国社会的主要矛盾已经转化为人民日益增长的美好生活需要和不平衡不充分的发展之间的矛盾。"[2]新时代社会主要矛盾的条件变化要求环境法制建设应当回应人民对美好环境的迫切需求,满足环境保护的现实需要,推动环境治理现代化进程。

环境法律制度为环境治理现代化的实现提供制度保障,并对环境治理现代化起到引领、规范、促进和保障等作用,同时是环境治理现代化成熟化、定型化、规范化的表现。其一,环境法律制度是环境治理现代化最为核心的工具。法律是体现国家意志并由国家强制力保证实施的行为规范,规范性、国家意志性和强制性是其突出特征。环境法律制度以国家强制力为后盾,通过"允许性规范、授权性规范、禁止性规范等形式,要求法律关系主体应当做什么、不应当做什么和应当怎样做,达到调整社会关系、规范社会行为、维护社会秩序的目的"[3],促进环境治理现代化的实现。在环境保护过程中,党规党纪、政治规则、道德规范、市场规则、自治规范和契约等也经常被运用,但是与这些措施相比,环境法律制度的连贯性更

---

[1] 李林. 依法治国与推进国家治理现代化[J]. 法学研究,2014(5):3-17.
[2] 习近平. 决胜全面建成小康社会 夺取新时代中国特色社会主义伟大胜利——在中国共产党第十九次全国代表大会上的报告[N]. 人民日报,2017-10-28(001).
[3] 李林. 全面推进依法治国的时代意义[J]. 法学研究,2014(6):3-8.

强、适用面更广、作用力更大,是环境治理主要依赖的一类制度。其二,环境法律制度是对成熟化的环境治理现代化经验的定型化和规范化。在法治国家,环境治理现代化的价值理念、制度创新、体制机制可以通过立法程序,"通过规定权利与义务、权力与责任、行为模式与行为后果以及实体法规范和程序法规范等形式"融入环境法律制度体系,使环境法律制度体系"逻辑更加严谨、内容更加科学、形式更加完备、体系更加协调",并"通过严格执法、公正司法、全民守法和依法办事、依法治理、综合治理等多种途径和形式"①,推进环境法律制度的贯彻实施,推动环境治理现代化的深入发展。

第二节 环境治理现代化进程中的环境法制建设

我国的环境保护意识虽觉醒于20世纪70年代,但是环境保护的实践在新中国成立后就已开始了。1949年新中国成立后,随着经济社会活动的开展,我国局部地区开始出现一定程度的环境问题,主要表现为工业"三废"(废水、废气、废渣)造成的环境污染和人体健康损害,以及生态破坏导致的水土流失等。当时人们的环保意识尚未觉醒,政府并未明确提出环境保护的概念,但在经济建设过程中,相关部门还是出台了一些对于环境保护具有重要作用的文件,如《狩猎管理办法(草案)》(1956年)、《水产资源繁殖保护条例(草案)》(1957年)、《关于注意处理工矿企业排出有毒废水、废气问题的通知》(1957年)、《水土保持暂行纲要》(1957年)、《放射性工作卫生防护暂行规定》(1960年)、《森林保护条例》(1963年)、《城市工业废水、生活污水管理暂行规定(草案)》(1964年)、《矿产资源保护试行条例》(1965年)等。从效力等级来看,这些文件主要是一些行政法规、行政规章和规范性法律文件,内容涉及污染防治与处理,森林资源、野生动物资源、矿产资源、土地资源等资源的利用和保护,水土流失防治等。

从20世纪70年代初至1978年改革开放这段时间,我国环境保护法

---

① 李林. 全面推进依法治国的时代意义[J]. 法学研究,2014(6):3-8.

制建设开始起步。1972年6月,我国政府派代表团参加了联合国人类环境会议,开始认识到环境问题的危害性以及国外环境问题的严峻性;同月,国务院批转的《国家计划委员会 国家建设委员会关于官厅水库污染情况和解决意见的报告》提出"三同时"制度,要求"工厂建设和'三废'利用要同时设计、同时施工、同时投产"。受联合国人类环境会议的影响,1973年8月,国务院召开了第一次全国环境保护会议,通过了《关于保护和改善环境的若干规定(试行草案)》。该规定于同年11月13日经国务院批转施行。该规定提出"全面规划,合理布局,综合利用,化害为利,依靠群众,大家动手,保护环境,造福人民"的环境保护方针,要求生产发展和环境保护"统筹兼顾、全面安排",规定了"三同时"制度和奖励综合利用的政策,提出防治工业"三废"等污染物、保护和改善生态环境的措施。这是我国出台的第一部综合性环境保护行政法规,是我国环境保护事业发展的里程碑。1973年11月,第一次全国环境保护会议筹备小组办公室主持制定的《工业"三废"排放试行标准》规定了五类有害物质最高容许排放浓度。1974年1月,国务院颁布了《防治沿海水域污染暂行规定》。1976年3月,卫生部发布了《生活饮用水卫生标准(试行)》。1977年4月,国家计划委员会、国家建设委员会、财政部、国务院环境保护领导小组联合发布了《关于治理工业"三废",开展综合利用的几项规定》。1978年3月通过的《中华人民共和国宪法》(以下简称《宪法》)规定:"国家保护环境和自然资源,防治污染和其他公害"①。

改革开放后,随着我国经济的快速发展,环境问题也日益严重,国家希望通过法律制度解决环境问题的意愿日趋迫切,环境保护法律体系建设自此进入发展的快车道。1979年2月,第五届全国人民代表大会常务委员会第六次会议原则通过了《中华人民共和国森林法(试行)》;同年9月,第五届全国人民代表大会常务委员会第十一次会议原则通过了《中华人民共和国环境保护法(试行)》[以下简称《环境保护法(试行)》],昭示着我国环境保护法律制度的正式确立。《环境保护法(试行)》确定了我国环境立法的基本框架,确立了环境保护的基本领域,规定了"谁污染谁治

---

① 徐祥民.中国环境法制建设发展报告:2008年卷[M].北京:人民出版社,2013:1-80.

理"等基本原则和环境影响评价、"三同时"、排污收费、限期治理、环境标准、环境监测等基本制度,是我国环境法律制度走向体系化的重要标志。此后,《中华人民共和国海洋环境保护法》(1982年,以下简称《海洋环境保护法》)、《中华人民共和国水污染防治法》(1984年,以下简称《水污染防治法》)、《中华人民共和国森林法》(1984年,以下简称《森林法》)、《中华人民共和国草原法》(1985年,以下简称《草原法》)、《中华人民共和国渔业法》(1986年,以下简称《渔业法》)、《中华人民共和国土地管理法》(1986年,以下简称《土地管理法》)、《中华人民共和国矿产资源法》(1986年,以下简称《矿产资源法》)、《中华人民共和国大气污染防治法》(1987年,以下简称《大气污染防治法》)、《中华人民共和国水法》(1988年,以下简称《水法》)、《中华人民共和国野生动物保护法》(1988年,以下简称《野生动物保护法》)等污染防治和资源保护方面的环境保护单行法相继颁布,环境保护法律制度逐渐完善起来,环境法律制度体系逐渐成形。1989年12月,第七届全国人民代表大会常务委员会通过了《中华人民共和国环境保护法》(以下简称《环境保护法》),确立了我国环境保护法律制度的基本内容和格局,为环境法制的快速发展奠定了基础。紧接着,《中华人民共和国水土保持法》(1991年,以下简称《水土保持法》)、《中华人民共和国农业法》(1993年,以下简称《农业法》)、《中华人民共和国固体废物污染环境防治法》(1995年,以下简称《固体废物污染环境防治法》)、《中华人民共和国煤炭法》(1996年,以下简称《煤炭法》)、《中华人民共和国环境噪声污染防治法》(1996年,以下简称《环境噪声污染防治法》)、《中华人民共和国节约能源法》(1997年,以下简称《节约能源法》)、《中华人民共和国防沙治沙法》(2001年,以下简称《防沙治沙法》)、《中华人民共和国清洁生产促进法》(2002年,以下简称《清洁生产促进法》)、《中华人民共和国环境影响评价法》(2002年,以下简称《环境影响评价法》)、《中华人民共和国放射性污染防治法》(2003年,以下简称《放射性污染防治法》)、《中华人民共和国可再生能源法》(2005年)、《中华人民共和国城乡规划法》(2007年,以下简称《城乡规划法》)、《中华人民共和国循环经济促进法》(2008年,以下简称《循环经济促进法》)、《中华人民共和国海岛保护法》(2009年,以下简称《海岛保护法》)、《中华人民共和国环境保护税法》(2016年,以下简称《环境保护税法》)、《中华人民共和国深海海底区域资源勘探开发法》(2016年)、《中华人民共和国核安全法》(2017年)、《中华人民共和国土壤污染防治法》(2018年,以下简称《土壤污染防治法》)、《中华人民共和国耕地占用税法》(2018年)、《中华人民共和国资源税法》(2019年)、《中华人民共和国噪声污染防治法》(2021年)等环境保护单行法相继出台,环境保护法律制度日趋严密,环境保护法律制度体系日益完善。

2011年,中国特色社会主义法律体系建成后,我国环境保护法律制度建设的重点开始转向,即从立法领域转向对既有环境法律的修改、修订、修正,以适应环境治理现代化的要求,满足环境保护的现实需要。在这一背景下,我国修改、修订、修正的环境法律有《清洁生产促进法》(2012年修正)、《农业法》(2012年第二次修正)、《渔业法》(2013年第四次修正)、《煤炭法》(2013年第三次修正)、《海洋环境保护法》(2013年第一次修正)、《草原法》(2013年第二次修正)、《固体废物污染环境防治法》(2013年第一次修正)、《环境保护法》(2014年修订)、《固体废物污染环境防治法》(2015年第二次修正)、《大气污染防治法》(2015年第二次修订)、《城乡规划法》(2015年第一次修正)、《水法》(2016年第二次修正)、《环境影响评价法》(2016年第一次修正)、《节约能源法》(2016年第一次修正)、《野生动物保护法》(2016年第一次修订)、《煤炭法》(2016年第四次修正)、《海洋环境保护法》(2016年第二次修正)、《水污染防治法》(2017年第二次修正)、《海洋环境保护法》(2017年第三次修正)、《野生动物保护法》(2018年第三次修正)、《大气污染防治法》(2018年第二次修正)、《节约能源法》(2018年第二次修正)、《防沙治沙法》(2018年修正)、《循环经济促进法》(2018年修正)、《环境保护税法》(2018年修正)、《环境噪声污染防治法》(2018年修改,2022年废止)、《环境影响评价法》(2018年第二次修正)、《城乡规划法》(2019年第二次修正)、《土地管理法》(2019年第三次修正)、《森林法》(2019年修订)、《固体废物污染环境防治法》(2020年第二次修订)。与此同时,我国还在《中华人民共和国侵权责任法》(2009年)、《中华人民共和国刑法修正案(八)》(2011年)、《中华人民共和国民事诉讼法》(2012年第二次修正、2017年第三次修正)、《中华人民共和国民法总则》(2017年)、《中华人民共和国民法典》(2020年,以下简称《民法典》)等其他部门法中增加了环境保护制度的内容。

如果以《环境保护法(试行)》的颁布时间1979年作为起算点,我国环境法制建设已经走过了40多年的历程。几十年来,我国环境法律制度从无到有、从数量较少到数量渐多、从粗线条轮廓到制度日渐严密,环境法律制度体系日趋完善,环境法制建设取得了非常显著的成绩,为推动我国环境治理现代化奠定了坚实的基础。截至2019年,我国出台了近40部环境保护法律,60多部环境保护行政法规,1 000多件环境保护行政规章①,形成了以环境保护法律为主干,以环境行政法规、地方性环境法规、部门环境规章、环境司法解释为补充、延伸,包含环境保护的事物法系统和手段法系统两大"方阵",拥有包括污染防治法、资源保护法、环境退化防治法、生态保护法、环境规划法、环境影响评价法、环境标准法、环境监测法、清洁生产促进法、循环经济促进法、环境信息公开法、环境许可法、环境教育法、环境税法等十余支队伍在内的一个繁荣的法律部门。②

第三节　环境治理现代化法律制度体系

"环境管理在经历着从强调管理技术、政府规制和产权划分的传统管理到强调地方知识和大众参与的参与式环境管理再到强调多元协作和协同治理的新型环境治理的过程。"③推进环境治理现代化,关键是在尊重环境规律的前提下,以建立环境秩序为根本目的,有效利用政府、市场和社会的资源,建立多元、多维度协同共治的环境治理结构,既要发挥政府在环境公共产品供给方面的关键作用和核心作用,又要保障市场在资源配置中的决定性作用,还要发挥社会在环境治理方面的群策群力、监督协助作用,激发全社会环境治理的意愿和创新力。环境法律制度体系建设应以实现这些目标的为依归,通过将行之有效的治理措施定型化、规范化,

---

① 孙佑海.我国70年环境立法:回顾、反思与展望[J].中国环境管理,2019(6):5-10.
② 徐祥民.中国环境法制建设发展报告:2008年卷[M].北京:人民出版社,2013:1-80.
③ 杨立华,张云.环境管理的范式变迁:管理、参与式管理到治理[J].公共行政评论,2013(6):130-157.

构建完善的环境治理现代化制度体系。环境治理现代化制度体系由环境行政管理法律制度体系、环境市场调节法律制度体系、环境社会治理法律制度体系、环境损害救济法律制度体系四个子系统构成。

一、环境行政管理法律制度体系

在环境治理现代化中,政府始终扮演着核心的角色。"政府作为公共权力的行为代理人,既是制度体系的安排者,也是公共服务的主要供给者,更是推动国家治理现代化的行动者。"[①]"迄今为止,在所有权力主体中,政府无疑具有压倒一切的重要性,任何其他权力主体均不足以与政府相提并论。政府仍然是社会前进的'火车头'。"[②]在我国,环境法赋予了政府非常广泛的环境行政权力,要求政府在环境保护中发挥关键作用。法律赋予政府环境管理权的这些制度,称为环境行政管理法律制度,其具体包括预防型环境行政管理法律制度、补救型环境行政管理法律制度、监管型环境行政管理法律制度和技术型环境行政管理法律制度等。

(一)预防型环境行政管理法律制度

预防型环境行政管理法律制度重在落实以预防为主的原则,力图从源头上控制和避免环境问题的产生。它是我国着力强调并优先适用的一类环境保护法律制度,广泛存在于环境污染防治、自然资源保护、生态破坏防治等环境保护领域。

1. 环境规划制度

环境规划是指国家以环境保护优先为宗旨,以环境容量和环境承载力为基础,对一定时期、一定地域范围内的环境和保护与利用环境的行为所做的总体部署。[③] 环境规划既体现在国民经济和社会发展规划、主体功能区划、海洋空间规划中,也以污染防治专项规划、生态保护专项规划等专项文件的形式出现。环境规划制度是指国家对环境规划进行管理的制度。从这一制度发挥的实效来看,环境规划是保证实现环境质量目标的

---

① 唐兴军,齐卫平.治理现代化中的政府职能转变:价值取向与现实路径[J].社会主义研究,2014(3):83-90.
② 俞可平.中国的治理改革:1978—2018[J].武汉大学学报(哲学社会科学版),2018(3):48-59.
③ 王昌森.关于构建环境规划法的思考[D].青岛:中国海洋大学,2014.

最有效的方式。它可以根据环境质量目标的要求，以及实现环境质量目标需要解决的问题采取相应的措施，制订调集人力物力财力的行动方案，确定实施步骤和工作方案等。

2. 环境影响评价制度

环境影响评价制度是指对项目实施后可能造成的环境影响进行分析、预测和评估，提出预防或者减轻不良环境影响的对策和措施，并进行跟踪监测的制度。它主要包括规划项目环境影响评价制度和建设项目环境影响评价制度两种类型。环境影响评价制度"通过强制性事前评价，可以对具有潜在环境风险的规划和项目予以限制或者修正，使发展经济的行为不违背环境保护的目标，做到环境与发展综合考量，从而保证决策结果符合可持续发展的要求"①。

3. 环境风险评估制度

环境风险评估制度是指"对开发、利用生态环境和资源等行为可能带来的环境风险进行分析、预测和评估，提出符合成本效益分析的对策和措施，进行相应风险管理的方法和制度"②。它"主要适用于转基因生物安全、化学品的研发和生产使用、气候变化应对等领域"②。

4. 环境与健康风险评估制度

环境与健康风险评估是运用科学的评估技术与方法，分析环境中的物质类型及其对人体健康风险的危害程度，以及环境中的化学污染物、其他压力源类型及其对生态接收者的危害程度。③ 环境与健康风险评估能够"处理各类环境污染健康危害事件；制定环境保护、公共卫生相关政策与标准，筛选并采取可行的健康干预措施，与媒体及公众进行风险交流提供必要的基础数据支撑"④。环境与健康风险评估制度是指国家对环境与健康风险评估活动进行管理的制度。

---

① 吕忠梅.论生态文明建设的综合决策法律机制[J].中国法学,2014(3):20-33.
② 王灿发.论生态文明建设法律保障体系的构建[J].中国法学,2014(3):34-53.
③ 孙佑海,朱炳成.美国环境健康风险评估法律制度研究[J].吉首大学学报(社会科学版),2018(1):15-25.
④ 李湉湉.环境健康风险评估方法:环境健康风险评估概述及其在我国应用的展望[J].环境与健康杂志,2015(3):266-268.

5. 生态保护红线制度

生态保护红线是指在自然生态服务功能、环境质量安全、自然资源利用等方面,需要实行严格保护的空间边界与管理限值,以维护国家和区域生态安全及经济社会可持续发展,保障人民群众健康。① 生态保护红线包括具有重要水源涵养、生物多样性维护、水土保持、防风固沙、海岸生态稳定等功能的生态功能重要区域,以及水土流水、土地沙化、石漠化、盐渍化等生态环境敏感脆弱区域。② 生态保护红线制度是指在国家重点生态功能区、生态敏感区和脆弱区划定红线实施保护的制度。③ 生态保护红线制度的基本特征是"为对物种存续或生态系统维持等最具决定性影响的一个'最小空间'划定边界,禁止人类活动,避免人类活动影响传入,以确保面临严重威胁的人类环境利益脱离永久丧失的危险"④。

6. 区域限批制度

区域限批制度是指为督促地方政府履行环境保护责任,集中解决突出环境问题,推动区域环境质量改善,有权机关对未完成预定的环境保护任务、未遵守环境保护强行性规定的地区暂停所有新建项目的审批,直至该地区完成整改任务的一项行政管理制度。

7. "三同时"制度

"三同时"制度是指新建、改建、扩建的建设项目,技术改造项目,区域或自然资源开发项目,其防治环境污染和生态破坏的设施,必须与主体工程同时设计、同时施工、同时投产的制度。

8. 总量控制制度

总量控制具体包括污染物排放总量控制和资源开发总量控制两大类。污染物排放总量控制制度是指"由有决定权的机关或法律的执行机关确定或依法确定向一定环境单位或环境空间排放污染物的总量,即控制总量,要求或依法强制所有向有关环境单位或环境空间排放污染物者

---

① 李干杰."生态保护红线":确保国家生态安全的生命线[J].求是,2014(2):44-46.
② 生态环境部.生态保护红线管理办法(暂行)征求意见稿[EB/OL].(2015-10-10)[2022-08-25]. http://sthjt.sc.gov.cn/sthjt/c104114/2015/10/10/125777566f344b52981cceae80d179af.shtm.
③ 黄锡生.论生态文明法律制度体系的现代化建构[J].学术论坛,2023(2):9-27.
④ 徐祥民,贺蓉.最低限度环境利益与生态红线制度的完善[J].学习与探索,2019(3):78-85.

只能在其确定或依法确定的控制总量范围内排放"①的制度。其目的是将排入某一控制区域的污染物总量、某一类污染物的排放总量控制在一定限度之内,以满足环境质量的要求。其具体内容包括水污染物排放总量控制制度、大气污染物排放总量控制制度、重点海域排污总量控制制度、重点污染物排放总量控制制度等。资源开发总量控制制度是指在保障生态平衡、维护资源可持续利用的基础上,对一定区域在一定时限内资源开发利用的总量进行控制的行政管理制度。其具体内容包括渔业捕捞限额制度、草畜平衡控制制度、建设用地总量控制制度、取水总量控制制度等。

9. 污染物排放许可制度

污染物排放许可制度简称排污许可制度,是指环境保护部门通过向排污主体发放排污许可证并依证实施排污许可监管的制度。它以环境容量和环境承载力为基础,以排污许可证为主要管理手段,以改善环境质量为目标,通过"给主要排污者分配排污总量控制指标和确定污染物排放总量削减目标,使排污许可制度与污染物排放总量控制制度结合起来"②。

10. 落后工艺、设备和产品淘汰制度

落后工艺、设备和产品淘汰制度简称限期淘汰制度,是指为防止生产中因采用落后的生产工艺和设备而造成环境污染,相关部门定期公布禁止采用的严重污染环境设备名录,促进企事业单位采用先进工艺、设备的管理制度。

11. 自然保护区制度

自然保护区制度是指对有代表性的自然生态系统、珍稀濒危野生动植物物种的天然集中分布区、有特殊意义的自然遗迹等保护对象所在的陆地、陆地水体或者海域,依法划出一定面积予以特殊保护和管理的制度。

12. 自然资源开发利用许可制度

自然资源开发利用许可制度是指自然资源开发利用者在开发利用自然资源前,依据法定的条件、程序向有权机关提出行政许可申请,经审查

---

① 徐祥民.论我国环境法中的总行为控制制度[J].法学,2015(12):29-38.
② 国家环境保护总局.全国地表水环境容量和大气环境容量核定工作方案[J].中国环保产业,2003(9):1.

批准核发许可证后,方可进行开发利用的管理制度。

13. 清洁生产制度

清洁生产制度是指通过改进设计、使用清洁的能源和原料、采用先进的工艺技术和设备、改善管理、综合利用等措施,从源头削减污染,提高资源利用效率,减少或避免生产、服务和产品使用过程中污染物的产生和排放,以减轻甚至消除对环境的不利影响的管理制度。清洁生产的实质是通过对生产全过程和产品生命周期全过程的"绿化",预防和控制环境污染的产生,减轻末端治理的负担。

14. 循环经济制度

循环经济是指以自然资源的高效利用和循环利用为核心,以"减量化、再利用、资源化"为原则,以低消耗、低排放、高效率为基本特征的经济发展模式。它是对"大量生产、大量消费、大量废弃"的传统经济增长模式的根本性变革。循环经济制度是指国家对循环经济进行管理的制度。

15. 生活垃圾分类管理制度

生活垃圾分类管理制度是指有权机关发布生活垃圾分类指导目录,引导、约束居民进行生活垃圾分类弃置,并建立与分类品种相配套的收运体系、回收体系、终端处理设施的管理制度。其目的是促进生活垃圾的减量化、资源化、无害化。

(二)补救型环境行政管理法律制度

环境问题出现后,为了修复受损的环境、避免环境质量的进一步恶化,环境行政机关就需要对环境损害进行补救性保护。补救型环境行政管理法律制度是指环境行政机关对环境损害进行事后补救的管理制度。

1. 环境质量限期达标制度

环境质量限期达标制度是指未达到国家环境质量标准的重点区域、流域的地方政府,应当依法制定限期达标规划并采取具体的措施保障环境质量按期达标的强制性管理制度。

2. 农村环境综合整治制度

农村环境综合整治是指地方政府依法对农村的环境污染、生态破坏、村容村貌开展的综合治理活动。其目的是改善农村环境质量,补齐农村环境保护的短板。农村环境综合整治制度是指国家对农村环境综合整治活动进行管理的制度。

3. 限期治理制度

限期治理制度是指对于污染严重的项目、行业和区域,有权机关依法限定其在一定期限内完成治理任务并达到治理目标的管理制度。限期治理包括污染严重排放源的限期治理、行业性污染的限期治理和污染严重区域的限期治理等。

4. 生态修复制度

生态修复是指在生态学原理指导下,"通过生态恢复和重建手段来修复受损的生态系统并通过社会资源合理分配其发展机遇来实现人类社会可持续发展的过程"①。生态修复制度是指国家对生态修复活动进行管理的制度。

5. 污染集中控制制度

污染集中控制制度是指在一定的区域集中建立污染处理设施,对多个污染源、多种污染物进行集中控制和处理的管理制度。污染集中控制制度设立的目的是节省环保投资,以尽可能小的投入获取尽可能大的环境效益。

6. 污染事故报告制度

污染事故报告制度是指在发生不可抗力或意外事故导致环境受到或者可能受到严重污染、威胁居民生命财产安全时,依照法律规定通报和报告有关情况并及时采取应对措施的管理制度。

(三)监管型环境行政管理法律制度

在环境行政管理过程中,为了保证环境治理的效果,国家需要为政府、企事业单位设定明确的、具体的环境保护目标,并对目标的实现过程进行监督管理。

1. 环境保护目标责任制和考核评价制度

环境保护目标责任制和考核评价制度是指通过上一级政府对下一级政府签订环境目标责任书的形式,明确下一级政府在一定期限内必须完成的环境治理目标任务,通过定期的考核评级机制,压实地方政府环境保

---

① 王灿发.论生态文明建设法律保障体系的构建[J].中国法学,2014(3):34-53.

护责任的行政管理制度。环境保护目标责任制和考核评价制度以现行法律为依据,以落实地方行政首长的环境责任为核心,把环境治理责任、权利、义务有机地结合在一起,运用目标化、定量化、制度化、考核化的管理方法,推动环境保工作的层层分解落实,实现既定的环境保护目标。

2. 环境综合整治定量考核制度

环境综合整治定量考核制度是指依据考核指标对一定行政区域范围内开展的环境质量综合整治活动进行定量化分析,以获取环境综合整治效益信息的管理制度。按照适用地域范围的不同,环境综合整治定量考核制度可以划分为城市环境综合整治定量考核制度、农村环境综合整治定量考核制度。按照考核范围的不同,环境综合整治定量考核制度可以划分为大气污染防治定量考核制度、水污染防治定量考核制度、土壤污染防治定量考核制度、噪声污染防治定量考核制度、固体废弃物处置定量考核制度等。

3. 生态环境保护督察制度

生态环境保护督察制度简称环保督察制度,是指环保督察组织对各级党委政府及其有关部门、司法机关、营利性企业等贯彻执行环境保护政策法律法规规章情况、履行环境保护职责情况等进行监督察访,向有权机关反馈督察结果,纠正违法失范环境行为的管理制度。环保督察制度实行"党政同责、一岗双责"的环保责任追责制,强化了党委领导和行政领导的环境保护责任意识,是我国环境监管模式的重大改革。我国环保督察的形式具体包括生态环境保护例行督察、生态环境保护专项督察和生态环境保护督察"回头看"等。

4. 生态审计制度

生态审计制度也称资源环境审计制度,是指审计机关依法对政府和企事业单位有关自然资源开发利用管理和生态环境保护情况(包括但不限于财政、财务收支活动)实施审计监督活动的管理制度。生态审计制度包括自然资源绩效审计制度、领导干部自然资源资产离任审计制度等。"自然资源绩效审计是指以政府审计为主,民间审计和内部审计为辅,对自然资源及有关资金管理开展的绩效审计,它以资源相关资金审计为基础,从资金和资源配置、保护、利用的经济性、效率性、效果性和可持续性等方面开展监督、评价和鉴证。其审计的对象为自然资源及有关资金的管理活动。"①自然资源绩效审计制度是指国家对自然资源绩效审计活动进行管理的制度。领导干部自然资源资产离任审计制度是指审计机关对被审计领导干部在任职期间贯彻执行环境保护政策法律法规规章情况、履行环境保护职责情况、环境保护重大决策情况、完成环境保护目标情况、环保资金征管用和环保项目建设运行情况等进行审计,客观评价被审计领导干部履行自然资源资产管理和生态环境保护责任情况的一项管理制度。领导干部自然资源资产离任审计的目的是督促领导干部在任职期间认真履行资源环境监管职责、严格执行环境保护法律的规定。

5. 环境约谈制度

环境约谈制度是指对于超过重点污染物排放总量控制指标或者未完成环境质量改善目标的地区,有权机关约谈该地区政府的主要负责人的管理制度。约谈主体是地市级以上政府的环境行政主管部门,被约谈主体是市、县(市、区)政府及其相关职能部门、乡(镇)政府等相关基层单位、企事业单位负责人(生产经营单位负责人)等。

6. 环境保护现场检查制度

环境保护现场检查制度是指环境保护部门及其他环境监督管理部门对其管辖范围内的排污单位进行现场检查的措施、方法和程序性规定。其中,现场检查是环境保护行政管理机关行使的一项法定职权,是对行政相对人是否守法的事实进行单方强制了解的具体行政行为。

(四)技术型环境行政管理法律制度

技术型环境行政管理法律制度是环境治理现代化不可或缺的一类管理措施。环境保护离不开技术规定,一旦缺少具体化的技术规范和技术要求,环境损害就缺乏关键性的判定标准,环境保护就没有了明确的治理目标。技术规定是环境治理区别于其他社会管理的一个重要特征。

1. 环境标准制度

环境标准是为了保护人民健康、促进生态良性循环、实现社会经济发

---

① 徐泓,曲婧.自然资源绩效审计的目标、内容和评价指标体系初探[J].审计研究,2012(2):14-19.

展目标,根据国家的环境政策和法规,在综合考虑本国自然环境特征、社会经济条件和科学技术水平的基础上,规定环境中污染物的允许含量和污染源排放污染物的数量、浓度、时间和速度、监测方法,以及其他有关技术规范。① 环境标准突出体现了环境治理的技术性要求,是环境行政管理的依据,是处理环境纠纷和进行环境质量评价的基本依据,是衡量排污行为是否违法以及环境质量状况是否良好的主要尺度,是环境监督管理的最重要的措施之一。"环境标准更多是从设定限制的角度、从反面间接决定环境资源总量,为实施环境资源法的其他规范提供准确、严格的范围界限,为认定行为的合法与否提供法定的技术依据。环境标准既是环境资源总量核定的依据,也为环境保护和经济发展明确了一条具体的界线。"② 从功能上来看,"环境标准是将环境保护在科技上的技术要求加以规范,使环境法上抽象的专业科技规范得以具体确定,减轻许多审查程序之障碍,也能让人民预测到其依法应为的行为,达到法的安定性"③。我国的环境标准分为环境质量标准、污染物排放标准、环境基础标准、环境方法标准、环境标准物质标准、环保仪器设备标准六类,涉及国家标准和地方标准两个级别。环境标准制度是指国家对环境标准进行管理的制度。

2014年4月修订的《环境保护法》已经明确了环境质量标准和污染物排放标准的法律地位。"环境质量标准,是为了实现保护公众健康、维护生态良性循环等环境保护目标,基于环境风险判断等因素,对环境中有害物质和因素所作的限制性规定,是环境保护领域需要统一的技术性要求。"④ 按照环境要素划分,环境质量标准包括水质量标准、大气质量标准、土壤质量标准和生物质量标准四类;按照行政区域划分,环境质量标准包括国家环境质量标准、地方环境质量标准。污染物排放标准是对排入环境的污染物的浓度或总量所作的限制性规定,目的是通过控制排污量来实现环境质量标准或环境保护目标。按照污染物形态划分,污染物排放标准包括气态污染物排放标准、液态污染物排放标准、固态污染物排放标

---

① 李洪枚.环境学[M].北京:知识产权出版社,2011:6.
② 吕忠梅.论生态文明建设的综合决策法律机制[J].中国法学,2014(3):20-33.
③ 陈慈阳.环境法总论[M].北京:中国政法大学出版社,2003:240.
④ 尤明青.论环境质量标准与环境污染侵权责任的认定[J].中国法学,2017(6):283-300.

准、物理性污染物排放标准;按照行政区域划分,污染物排放标准包括国家污染物排放标准、地方污染物排放标准。

2. 环境监测制度

环境监测是指通过对影响环境质量因素代表值的测定,确定环境质量或污染程度及其变化趋势的活动。它可以为全面反映环境质量状况和变化趋势、及时跟踪污染源变化情况、准确预警各类环境突发事件等环境管理工作提供决策依据。环境监测可以分为环境质量监测、污染源监督性监测、突发环境污染事件应急监测,以及为环境状况调查和评价等环境管理活动提供监测数据的其他环境监测活动等。环境监测制度是指国家对环境监测活动进行管理的制度。

3. 环境承载能力监测评估制度

环境承载能力监测评估是指采用科学的方法,对某一时期内、某种环境状态下、某一区域的环境对人类社会、经济活动的支持能力限度进行监测评估。其旨在引导和约束政府严格按照资源环境承载能力来谋划经济社会发展。环境承载能力监测评估制度是指国家对环境承载能力监测评估活动进行管理的制度。

4. 绿色国民经济核算制度

绿色国民经济核算简称绿色核算、绿色 GDP 核算,是指将环境资源因素纳入原有的国民经济核算体系,通过核算描述环境资源与经济发展之间的关系,提供系统的核算数据,为可持续发展水平的分析、决策和评价提供依据。绿色国民经济核算制度是指国家对绿色国民经济核算活动进行管理的制度。

二、环境市场调节法律制度体系

市场经济强调市场机制在资源配置中的决定性作用,要求通过社会分工、公平竞争和自由等价交换,实现市场资源的有效合理配置。在市场运行机制中,产权制度和经济杠杆都发挥着不可替代的作用。产权制度确定了资源的归属,是市场经济有效运作的基础。经济杠杆是指国家或者经济组织利用价值规律和物质利益原则,影响、调节和控制社会生产、交换、分配、消费等方面的经济活动。经济杠杆对市场资源的合理配置发挥着关键作用。对环境保护而言,自然资源的产权制度是环境市场调节的基础,经济杠杆,尤其是其中的价格机制,对激励企事业单位、社会公众开展环境保护、控制环境污染和生态破坏发挥着重要作用。

(一) 自然资源权属制度

自然资源权属制度是指调整因自然资源的归属和利用产生的法律关系的一系列法律规范。它是自然资源保护管理中最有影响力、最不可缺少的基本法律制度。自然资源权属主要包括两方面的内容:一是自然资源所有权;二是自然资源使用权。自然资源所有权具有占有、使用、收益、处分四项权能。通常而言,自然资源权属的取得方式有法定取得、强制取得、天然孳息和自然添附等。其中,法定取得是我国自然资源权属的最主要取得方式。

(二) 经济杠杆调节制度

经济杠杆主要运用价格机制的作用,通过经济成本的增加和减少的引导,影响环境开发利用者的行为选择,激励环境友好型、资源节约型生产经营方式的运用。

1. 排污权交易制度

排污权交易是指在污染物排放总量控制指标确定的条件下,允许企业将合法获得的排污权进行市场交易,通过企业自主经济行为选择污染物的控制排放量的一种以市场机制为基础的污染防治模式。排污权交易的基本原理是在污染源治理存在成本差异的情况下,环境治理成本较低的企业可以采取措施以减少污染物的排放,剩余的排污权可以在环境保护主管部门的监督管理下,通过市场交易出售给环境治理成本较高的企业,实现排污权从治理成本低的污染者流向治理成本高的污染者。排污权交易制度是指国家对排污权交易活动进行管理的制度。排污权交易制度运用成本收益考量机制,促使排污主体为追求盈利而降低治理成本,根据其发展需要选择技术演化路径、增加绿色产出、提高减排绩效或者决定是否减产、迁移等。①

2. 生态保护补偿制度

生态保护补偿制度是指以保护环境和可持续利用生态系统服务为目

---

① 吴朝霞,曾石安.推动排污权交易制度建设[N].人民日报,2018-08-22(007).

的,运用经济调节手段,"由生态保护受益者或生态损害加害者通过向生态保护者或因生态损害而受损者以支付金钱、物质或提供其他非物质利益等方式,弥补其成本支出以及其他相关损失"①的各种规制、激励措施。在生态保护补偿制度实施过程中,"经济收益可以实现跨地区的流动,环境成本和经济收益可以比较和交换,从而促进环境资源和经济资源的优化配置,实现生态效益的总效益最大化,最终实现可持续发展"②。生态保护补偿可以细分为"针对生态保护行为的增益性生态保护补偿、针对生态加害行为的损益性生态保护补偿"③。

3. 环境保护税制度

环境保护税也称生态税、绿色税,是指先把环境污染和生态破坏的社会成本内化到生产成本和市场价格中去,再通过市场机制来分配环境资源的一种经济手段。环境保护税设立的目的是通过价格机制的调节,推动社会重视环境保护,减少环境不友好型产品、服务的供应和消费。当前,发达国家征收的环境保护税主要有水污染税、二氧化硫税、固体废物税、垃圾税、噪声税等。在我国,环境保护税是首个明确以环境保护为目标的独立型税种。环境保护税制度是指调整因环境保护税的征收及减免产生的法律关系的一系列法律规范。

4. 绿色金融制度

绿色金融是指为支持环境改善、应对气候变化和资源节约高效利用的经济活动开展,对环境保护、节约能源、清洁能源、绿色交通、绿色建筑等领域的项目投融资、项目运营、风险管理等所提供的金融服务。④ 绿色金融制度是指国家对绿色金融活动进行管理的制度。其设立的目的是引导资本流向环境保护及治理产业领域,引导资源从高污染、高能耗产业流向环境友好型、技术先进型的产业。绿色金融制度包括绿色信贷制度、绿色保险制度、绿色基金制度等。绿色信贷是指金融机构依据国家的环境

---

① 王灿发.论生态文明建设法律保障体系的构建[J].中国法学,2014(3):34-53.
② 吕忠梅.论生态文明建设的综合决策法律机制[J].中国法学,2014(3):20-33.
③ 王灿发.论生态文明建设法律保障体系的构建[J].中国法学,2014(3):34-53.
④ 中国人民银行,财政部,国家发展改革委,等.关于构建绿色金融体系的指导意见[EB/OL].(2016-08-31)[2022-08-25]. http://www.mee.gov.cn/gkml/hbb/gwy/201611/t20161124_368163.htm.

保护政策和产业发展政策,对贷款项目进行评估,通过信贷控制来支持资源节约型、环境友好型的发展。绿色信贷制度是指国家对金融机构的绿色信贷业务活动进行管理的制度。

绿色保险也称环境责任保险,是以被保险人非因过错导致环境污染时依法应承担的赔偿责任作为保险对象的保险类型。绿色保险制度是指国家对绿色保险运营活动进行管理的制度。其设立的目的是分散企业环境风险,保护第三人环境利益,减少政府环境保护投入的压力,强化保险公司对企业环境行为的监督管理。

绿色基金也称环境保护基金,是指由政府、社会资本单独或者共同出资设立,采用股权投资等市场化运行方式,支持环境污染防治、环境治理产业发展的基金形式。绿色基金制度是指国家对绿色基金运营活动进行管理的制度。其设立的目的是规范环境保护基金的运作过程,健全多元化环境保护融资渠道。

5. 环境污染第三方治理制度

环境污染第三方治理是指排污者通过缴纳或者按合同约定支付治理费用,委托社会第三方市场主体开展污染治理。环境污染第三方治理制度是指国家对社会第三方实施的环境污染治理活动进行管理的制度。环境污染第三方治理制度"依靠市场主体追逐自身利益最大化的理念,在污染治理实践中引入第三方市场主体,由具体承担治理任务的中介机构或者单独市场主体集中技术力量和资金投入,建立污染治理经营性实体,向各排污主体提供专门性、有偿性污染治理及管理服务,由此可使得排污者的直接治理责任转化为间接的经济责任,最终实现污染治理行为的社会化、产业化,治理绩效最大化"①。

三、环境社会治理法律制度体系

环境治理既需要发挥政府的主导作用,利用市场经济的调节机制,也需要借助社会公众的力量。环境社会治理既是环境治理现代化的核心内

---

① 范战平.论我国环境污染第三方治理机制构建的困境及对策[J].郑州大学学报(哲学社会科学版),2015(2):41-44.

容,也是环境治理区别于环境管理的重要表现,还是民主理念在环境保护活动中的具体落实。

(一) 环境信息管理制度

环境信息管理制度是指保障企事业单位、社会公众等获取所需环境信息的一类管理措施。环境信息是环境社会治理得以开展的基本前提。企事业单位、社会公众等只有充分了解环境信息,才有可能自觉实施环境友好型行为、自觉采用环境友好型材料和技术方法,才有可能对政府、其他企事业单位等的环境行为实施监督。

1. 环境信息公开制度

环境信息公开是公民环境知情权、参与权、监督权实现必不可少的前提条件。环境信息公开是指掌握环境信息的主体依据法定程序和形式将环境信息提供给需求方的行为或者过程。依据信息公开主体的不同,环境信息公开可以划分为政府环境信息公开和企业环境信息公开。① 其中,政府环境信息公开是指政府对其环保部门在履行环境保护职责中制作或者获取的,以一定形式记录、保存的信息进行公开;企业环境信息公开是指企业将其以一定形式记录、保存的,与企业经营活动产生的环境影响和企业环境行为有关的信息予以公开。依据信息公开主体意志自由度不同,环境信息公开可以划分为自愿性环境信息公开和强制性环境信息公开。我国上市公司和发债企业环境信息披露属于强制性环境信息公开要求。依据信息公开程度不同,环境信息公开可以划分为全部环境信息公开和部分环境信息公开。环境信息公开制度是指环境信息的掌握者依法或自愿向社会公布其所掌握的环境信息的管理制度。环境信息公开制度设立的目的是保障公众的环境信息知情权,推动公众对企业的环境行为进行广泛监督。

2. 环境保护名录制度

环境保护名录制度是指有权机关编制并定期发布国家限制使用的"高污染、高环境风险"产品、工艺名录,以及国家鼓励使用的环境保护重点设备名录的环境管理制度。环境保护名录制度设立的目的是引导企业主动地履行环保主体责任,减少或者避免对高耗能、高污染产品的采购、

---

① 王灿发.论生态文明建设法律保障体系的构建[J].中国法学,2014(3):34-53.

生产及使用；引导社会组织和公众自觉参与环境保护，减少高耗能、高污染产品的消费，加强对企业环境行为的监督。

3. 排污企业黑名单制度

排污企业黑名单制度是指将企业环境违法信息记入其信用记录，或者将环境违法企业纳入失信联合惩戒对象名单，依法通过全国信用信息共享平台向社会公开的环境管理制度。排污企业黑名单制度设立的目的是通过社会公众的舆论压力迫使排污企业重视环境保护，以维护良好的社会形象。

4. 企业环境信用评价制度

企业环境信用评价制度是指有权机关依据规定的指标、方法和程序，对企业环境行为进行信用评价，确定信用等级并向社会公开的环境管理制度。企业环境信用评价制度设立的目的是督促企业持续改进环境行为、自觉履行环境保护法定义务和社会责任，并引导公众参与环境监督，促进有关部门协同配合，推进环境信用体系建设。①

5. 环境治理政务失信记录制度

环境治理政务失信记录制度是指将政府及其公职人员在环境保护工作中因违法违规、失信违约而产生的司法判决、行政处罚、纪律处分、问责处理等信息纳入政务失信记录，并依法向社会公开的环境管理制度。环境治理政务失信记录制度设立的目的是加强对环境行政管理主体的外部监督，通过借助社会监督形成的压力，促进政府及其公职人员在环境保护过程中遵纪守法、恪尽职守。

（二）环境保护公众参与制度

环境保护公众参与制度是指公民、法人和其他社会组织依法参与环境保护政策制定、环境决策、环境执法、环境司法等环境保护公共事务活动的一系列法律规范。环境保护公众参与的范围包括：制定或修改环境保护法律法规及规范性文件、政策、规划和标准；编制规划或建设项目环境影响报告书；对可能严重损害公众环境权益或健康权益的重大环境污

---

① 环境保护部，国家发展改革委，中国人民银行，等. 企业环境信用评价办法：试行［EB/OL］.（2013-12-18）[2022-08-08]. http://www.mee.gov.cn/gkml/hbb/bwj/201401/t20140102_265940.htm.

染和生态破坏事件的调查处理;监督重点排污单位主要污染物排放情况,以及防治污染设施的建设和运行情况;开展环境保护宣传教育、社会实践、志愿服务及相关公益活动等。①

四、环境损害救济法律制度体系

环境损害救济法律制度是指当环境损害发生或者有发生之虞时,通过法定手段救济环境损害或者排除环境侵害行为的一系列法律规范。在环境损害救济法律制度体系中,政治责任追究制度、生态环境损害赔偿制度和环境公益诉讼制度是三项必不可少的制度。政府作为环境治理的主导力量,当其不依法履行环境保护职责、导致严重的环境损害发生时,应当根据违法情形及违法后果追究相关公职人员的政治责任或法律责任。企事业单位、公民都是环境治理的重要主体,当因其环境不法行为而导致的环境损害时,应当相应地承担经济赔偿责任等法律责任。政府、其他公权力机关、企事业单位、社会公众等都是环境治理现代化的重要主体,都负有保护环境公共利益的义务,可以依法提起环境公益诉讼。

(一) 政治责任追究制度

政治责任追究制度的落实对推动我国环境保护事业发展发挥着重要作用。"环境法治实践依赖于政治对于环境保护这一社会议题的优先度安排。观察域外环境立法沿革以及绿色政治的演进,能明显感知环境法律与政治、政党间的紧密关系。""在生态文明受关注前,环境法学可以说罕有政法法学范式应用。但环境问题的公益性决定了环境法必然与政治存在紧密关系,生态危机应对离不开政治的强力助推,环境法律实施离不开行政资源的有效供给。尤其是自提出生态文明建设起,党中央呈现了对环境保护与环境法治的高度关注。"②广义上的政治责任既包括执政党的纪律问责,也包括法律制度中的政治责任承担。这里所说的政治责任,是指环境法律制度中的政治责任承担。政治责任追究制度是指国家依法规范政治责任追究活动的管理制度。

---

① 环境保护部.环境保护公众参与办法[J].中国环保产业,2015(8):4-5.
② 钭晓东.论新时代中国环境法学研究的转型[J].中国法学,2020(1):202-220.

1. 环境保护引咎辞职制度

环境保护引咎辞职是指地方各级人民政府、县级以上人民政府环境保护主管部门和其他负有环境保护监督管理职责的部门的主要负责人因在工作职责范围内存在严重失职、失误行为而造成重大环境损害事故或者因环境问题造成恶劣社会影响，不再适合继续担任现任的领导职务，而应该按照法定的程序主动提出辞去其领导职务的一种自责行为。根据2014年4月修订的《环境保护法》第六十八条的规定，环境保护引咎辞职的情形包括九种：一是不符合行政许可条件准予行政许可的；二是对环境违法行为进行包庇的；三是依法应当作出责令停业、关闭的决定而未作出的；四是对超标排放污染物、采用逃避监管的方式排放污染物、造成环境事故以及不落实生态保护措施造成生态破坏等行为，发现或者接到举报未及时查处的；五是违反《环境保护法》规定，查封、扣押企业事业单位和其他生产经营者的设施、设备的；六是篡改、伪造或者指使篡改、伪造监测数据的；七是应当依法公开环境信息而未公开的；八是将征收的排污费截留、挤占或者挪作他用的；九是法律法规规定的其他违法行为。环境保护引咎辞职制度是指国家对环境保护引咎辞职行为进行管理的制度。

2. 生态环境损害责任终身追究制度

生态环境损害责任终身追究制度是指对党政领导干部在职期间因决策失误、不作为、执行不力、违法违规行为导致的严重环境污染、生态破坏、环境质量明显下降，终身追究其相应的法律责任的管理制度。生态环境损害责任终身追究制度设立的目的是让环境质量成为领导干部的刚性约束，倒逼领导干部转变政绩观，切实重视环境保护。

（二）生态环境损害赔偿制度

生态环境损害是指因污染环境、破坏生态造成大气、地表水、地下水、土壤、森林等环境要素和植物、动物、微生物等生物要素的不利改变，以及上述要素构成的生态系统功能退化。① 生态环境损害赔偿制度是指因生态环境受到损害，赔偿权利人有权要求环境不法行为人承担赔偿责任的

---

① 中共中央办公厅，国务院办公厅.生态环境损害赔偿制度改革方案[EB/OL].（2017-12-17）[2022-08-15]. http://www.gov.cn/zhengce/2017-12/17/content_5247952.htm.

法律制度。生态环境损害赔偿制度是生态文明制度建设的重要内容,体现了生态环境有价、损害担责的保护理念。

(三) 环境公益诉讼制度

环境公益诉讼制度是指为了保护环境公共利益,"与案件诉讼请求没有法定利害关系的单位和个人,依法对污染、破坏环境与自然资源者,违法或者不履行环境与资源保护法定职责的行政机关提起诉讼"①的制度。它包括环境民事公益诉讼制度、环境行政公益诉讼制度等。环境公益诉讼的主体包括环境行政管理机关、检察机关、社会公益组织和公民等。

---

① 王灿发.论生态文明建设法律保障体系的构建[J].中国法学,2014(3):34-53.

第三章　环境行政管理法律制度建设

环境行政管理是指政府运用公共资源和行政力量对辖域范围内的环境进行管理、保护以及实现自然功能恢复而采取的一系列制度、行动和措施。[①] 环境行政管理制度的法治化是环境治理现代化的重要标志之一,是环境治理的常规化、权威化的重要保障。在我国,与环境市场调节法律制度、环境社会治理法律制度等其他环境法律制度相比,环境行政管理法律制度产生的历史最为悠久、现存的数量最为庞大、在现实中使用频率也最高。应该说,在我国环境保护事业的发展历程中,环境行政管理法律制度发挥着无可替代的关键性作用。"单向行政命令模式的治理机制是贯穿于中国环境法从上个世纪七十年代到现今所有历史发展阶段的主导模式。"[②] 可以毫不夸张地说,环境行政管理法律制度一直是我国各级政府使用最频繁的一类环境管理措施,或者说是我国各级政府在环境治理中最为依赖的管理措施。关于这一论断,我们单从第三次全国环境保护会议所归纳出的我国环境管理的八项制度就可以看出端倪。1989年4月召开的第三次全国环境保护会议提出,环境影响评价制度、"三同时"制度、排污收费制度、环境保护目标责任制度、城市环境综合整治定量考核制度、排放污染物许可制度、污染集中控制制度和污染源限期治理制度是我国环境管理的八项制度。在这八项制度中,至少有六项制度是命令与控制式的环境行政管理法律制度。

近年来,我国不断加强环境行政管理法律制度建设,深化环境行政法

---

① 尉峰.政府生态治理的责任转型与现代化改进[J].北方工业大学学报,2014(4):39-43.
② 戚建刚,兰皓翔."中国第二代环境法的形成和发展趋势"之反思[J].中国地质大学学报(社会科学版),2019(5):46-60.

律制度的实施,环境保护工作取得了显著成效。2020年7月,我国发布的《第二次全国污染源普查公报》显示,与2007年开展的第一次全国污染源普查数据同口径相比,2017年二氧化硫、化学需氧量和氮氧化物等污染物排放量比2007年分别下降了72%、46%和34%,这体现出我国环境污染防治工作取得显著成效。其具体表现为:首先,产业结构调整成效显著,重点行业产能集中度提高。与2007年相比,我国造纸、钢铁和水泥等行业的产品产量分别增加了61%、50%和71%,但企业数量分别减少了24%、50%和37%,单个企业平均产量分别提高了113%、202%和170%。其次,重点行业主要污染物排放量大幅下降。与2007年相比,造纸行业化学需氧量排放量减少了84%,钢铁行业二氧化硫排放量减少了54%,水泥行业氮氧化物排放量减少了23%。最后,污染物处理能力大幅提高。工业企业废水处理、脱硫和除尘等设施数量分别是2007年的2.4倍、3.3倍和5倍;畜禽养殖粪污处理能力得到普遍提升,畜禽规模养殖场粪便和尿液资源化利用比例分别达到了85%和78%,生猪规模养殖场干清粪比例由2007年的55%提高到了2017年的87%;城镇污水处理厂的数量增加5.4倍,处理能力增加了1.7倍,实际污水处理量增加了2.1倍,城镇生活污水化学需氧量去除率由2007年的28%提高到了2017年的67%;与2007年相比,生活垃圾处置厂数量增加了86%,其中垃圾焚烧厂的数量增加了303%,焚烧处理量增加了577%,焚烧处理量比例由2007年的8%提高到2017年的27%;危险废物集中利用处置厂的数量增加了8.22倍,设计处置能力增加了4 279万吨/年,是2007年的10.4倍,集中处置利用量增加了1 467万吨,比2007年提高了12.5倍。①

第一节　环境行政管理法律制度的演变特征

从整体上来看,我国环境行政管理法律制度的演变呈现出明显的规

---

①　生态环境部,国家统计局,农业农村部.第二次全国污染源普查公报[EB/OL].(2020-06-08)[2022-08-25]. http://www.mee.gov.cn/xxgk2018/xxgk/xxgk01/202006/t20200610_783547.html.

律性,即从政策试点探索型管理制度到法律主导型管理制度,从数量较少的管理制度到多样化的管理制度,从关注点状环境问题到点状和面状环境问题综合解决,从以污染控制为核心目标到以环境质量改善为主要任务,从缺少明确的环境质量考核标准到建立清晰的环境质量考核标准,从虚化政府环境责任监管到强化政府环境责任监管。

一、从政策试点探索型管理制度到法律主导型管理制度

在环境保护事业开展过程中,由于常常缺乏环境法制建设的实践经验,为谨慎起见,我国往往先通过政策文件对某个或某些环境管理制度进行试点,之后再根据试点取得的实际效果,对政策文件中行之有效的管理制度进行归纳总结,通过立法程序正式定型为环境行政法律制度。污染物排放总量控制制度、环境质量限期达标制度、生态保护红线制度等制度的确立都经历了类似的过程。以污染物排放总量控制制度为例,这项制度第一次出现在1986年原国家环境保护委员会颁布的《关于防治水污染技术政策的规定》中。该规定明确指出,对流域、区域、城市、地区以及工厂企业污染物的排放要实行总量控制。1996年,国务院批准实施的《"九五"期间全国主要污染物排放总量控制计划》要求以1995年为目标基准,将烟尘、工业粉尘、二氧化硫、化学耗氧量、石油类、氰化物、砷、汞、铅、镉、六价铬、工业固体废物12项主要污染物的排放总量分解下达到各省、自治区、直辖市,同时下达到各工业部门,实施行业总量控制,这再次明确了污染物排放总量控制的管理的要求。1996年5月修正后的《水污染防治法》首次明确了污染物排放总量控制制度的法律地位。该法第十六条规定:"省级以上人民政府对实现水污染物达标排放仍不能达到国家规定的水环境质量标准的水体,可以实施重点污染物排放的总量控制制度。"此后,《海洋环境保护法》《清洁生产促进法》《环境保护法》《大气污染防治法》《土壤污染防治法》《循环经济促进法》陆续对这项制度作出了规定。

二、从数量较少的管理制度到数量较多的管理制度

我国的环境行政管理法律制度数量呈现由少到多的发展趋势。这一趋势在环境保护的综合性法律中体现得尤为明显。《关于保护和改善环

境的若干规定(试行草案)》主要规定了环境规划制度、"三同时"制度、环境监测制度三项环境管理制度;《环境保护法(试行)》在此基础上增加了限期治理制度、环境影响评价制度、超标排污收费制度;1989年12月通过的《环境保护法》在此基础上增加了污染物排放标准制度、环境保护现场检查制度;2014年4月修订的《环境保护法》在此基础上增加了国家环境质量标准制度、环境资源承载能力监测预警制度、环境损害防治协调制度、生态保护红线制度、生态修复制度、环境保护目标责任制和考核评价制度、环境综合整治定量考核制度等行政管理制度。

三、从关注点状环境问题到点状和面状环境问题综合解决

我国环境法律制度发展之初建立的行政管理制度主要解决的是点状的环境问题。环境行政管理制度中的环境影响评价制度、"三同时"制度、排污收费制度、排污许可制度、限期治理制度、污染集中控制制度都是解决点状环境问题的行政管理措施。具体而言,环境影响评价制度适用的对象是点状的建设项目;"三同时"制度、限期治理制度适用的对象是点状的排污企业;污染集中控制制度、排污收费制度、排污许可制度适用的对象是点状的污染物。随着环境问题的日益严峻,人们对环境治理认识的日益深化,以及经济基础的日益牢固,我国的环境行政管理开始从仅关注点状环境问题扩展到关注面状环境问题,环境质量限期达标制度、生态保护红线制度、规划环境影响评价制度、自然保护区制度、污染物排放总量控制制度、资源开发总量控制制度、环境损害防治协调制度等,以解决区域性、流域性环境问题为立足点的行政管理制度不断出台,最终构建成点状、面状环境问题同步解决的环境行政管理制度体系。

四、从以污染控制为核心目标到以环境质量改善为主要任务

长期以来,遏制环境污染的高发态势、解决严峻的环境污染问题一直是我国环境法律制度设计的核心任务,这导致以污染控制为核心目标的环境行政管理制度占据了我国环境法的大部分内容。可以毫不夸张地说,我国的环境保护八项基本制度都是为解决环境污染问题而设计的。以污染控制为核心目标的行政管理制度的突出特征是"实施严格的污染

物排放标准和总量控制措施,促使排污者达标排放污染物"①,或者说试图从处理环境污染物入手,通过在环境承载力、环境容量限度内分配污染物的排放量实现环境保护的目的。2012年2月,环境保护部(已撤销)和国家质量监督检验检疫总局(已撤销)发布了修订的《环境空气质量标准》,这标志着我国环境管理理念开始从以污染控制为目标向以环境质量改善为目标转变。② 2014年4月修订的《环境保护法》直接规定了环境质量限期达标制度、农村环境综合整治制度、生态保护红线制度等环境质量改善目标制度,这标志着我国"环境行政管制的重心也从单纯的环境污染控制向环境污染控制、自然生态保护与自然资源开发利用的整体化、综合化的管制方向转变"③。

五、从缺少明确的环境质量考核标准到建立清晰的环境质量考核标准

从《国民经济和社会发展第七个五年计划(1986—1990)》开始,我国就建立了通过制定生态环境保护规划为未来五年设定环境治理目标的传统。然而,我国当时的环境质量考核标准并不明晰。从2008年开始,国家环保部针对考核指标松散不明的弊病,采用了更为严格明确的考核指标。此后,环境质量考核标准逐渐建立起来,为考核地方政府的环境治理效果、评定地方环境保护政绩提供了基本判断依据。

六、从虚化政府环境责任监管到强化政府环境责任监管

虽然在1989年12月施行的《环境保护法》中,我国即明确要求"地方各级人民政府,应当对本辖区的环境质量负责",但是由于并没有建立与之相配合的监管制度,导致政府环境责任长时间未得到具体落实。从"十一五"开始,我国提出了约束性节能减排指标,以层层分解落实的方式对指标进行落实,并加强了环保督察的力度。2014年4月修订的《环境保护

---

① 李挚萍.论以环境质量改善为核心的环境法制转型[J].重庆大学学报(社会科学版),2017(2):122-128.
② 周生贤.周生贤部长在第二次全国环保科技大会上的讲话[J].环境保护,2012(9):10-15.
③ 柯坚.我国《环境保护法》修订的法治时空观[J].华东政法大学学报,2014(3):17-28.

法》把强化政府责任当作重点,明确了政府及其职能部门主要负责人在环境保护中的领导责任。2015年以后,以《党政领导干部生态环境损害责任追究办法(试行)》《生态文明体制改革总体方案》等的出台为标志,我国逐步强化了对政府环境责任的监管力度,政府环境责任监管制度建设进入新的发展阶段。

第二节　环境行政管制法律制度的价值取向

价值具有两个方面的基本含义:一方面,价值是一个表征关系的范畴,它反映的是人与外界之间的需要与满足的对应关系,揭示的是人的实践活动的动机和目的;另一方面,价值是一个表征意义的范畴,用于表示事物所具有的对主体有意义的、可以满足主体需要的积极意义或客体的有用性。人们通常认为,法的价值是法律满足人类生存和需要的基本性能,这是从表征意义的范畴来看待法与人的关系。

法的价值追求并不是一成不变的,而是随着解决问题的需要拓展延伸的。"环境法作为新兴的法律领域,其既继承了传统意义上法的价值'衣钵'——继续对平等、秩序、效率、安全等价值的追求;但作为在反思工业文明的过程中形成的法律领域,又对法律追求的价值赋予了新的内涵。"[①]法的价值延伸到环境领域,必然要体现环境的典型特征并满足环境治理现代化的需要,发展演化为具有鲜明特征的环境法价值理念。环境治理现代化的价值包括环境秩序、环境效率、环境民主、环境正义、生态与健康等。

环境治理现代化需求的多元化和多层次性,决定了环境法律制度的价值选择必然是多样的和多面向的。受不同的价值理念的指导,环境法律制度会呈现不同的内容、体例、体系。反过来讲,不同的环境法律制度内容、体例、体系,反映了不同的价值选择倾向。事实上,不是所有的价值

---

① 吕忠梅.论环境法的沟通与协调机制:以现代环境治理体系为视角[J].法学论坛,2020(1):5-12.

取向都能反映在某一类环境法律制度子系统中;同时,对某一类环境法律制度子系统所体现出的不同价值取向而言,它们的排列位序也不一样。在环境法律制度建设过程中,一些价值理念对制度选择起到关键的作用,另一些理念往往对于制度选择的影响甚微。

环境行政管理法律制度是环境法律制度中的一个规模最为庞大的子系统,是我国环境治理现代化的核心制度体系。探讨环境行政管理法律制度所体现的核心价值理念,对于提纲挈领地把握这类制度的共同特征、加深对这类制度的理性认识、检视与重构现行的制度措施,具有重要的意义。整体而言,我国的环境行政管理法律制度是建立在环境秩序与社会秩序、生态安全与健康、环境行政效率、环境分配正义等价值理念基础上的。

(一) 环境秩序与社会秩序

秩序价值是环境法律制度的首要价值追求,也是环境治理现代化的终极价值目标。从静态上看,秩序是指有条理、不混乱的状态,或者说是人或者物各就各位、各安其分形成相对固定的、有规则的关系;从动态上看,"秩序意指在自然进程和社会进程中都存在着某种程序的一致性、连续性和确定性"[1]。由此看来,环境保护中的秩序实际上包括两方面的含义:一方面,环境保护必须维护环境秩序,尊重自然规律并自觉接受自然规律的支配;另一方面,环境保护需要维护人们在开发利用保护环境过程中所形成的社会关系的一致性、连续性和确定性,或者说是保障人与人之间所形成的环境法律关系的有条不紊的状态,建立良好的社会秩序。环境行政管理法律制度以建立良好的环境秩序和社会秩序作为核心价值追求。

环境秩序是环境行政法律制度设计所追求的终极目的。"环境秩序是指人类生态系统或社会生态复合系统中人这一特定的生命物种与其他生命形式以及与其生活环境之间的和谐、有序状态。"[2]环境问题是人的活动超出环境承载力和环境容量而引发的问题,是因人对自然进程的一致性、连续性和确定性的破坏而引发的后果。环境行政管理以利用环境行

---

[1] 埃德加·博登海默.法理学:法律哲学与法律方法[M].邓正来,译.北京:中国政法大学出版社,1999:219.
[2] 蔡守秋."人与自然和谐共处"是环境资源法学的基本理念[J].中州学刊,2005(3):84-86.

政权力解决环境问题、维护和恢复自然的和谐有序性为最终目的。

社会秩序是环境行政法律制度必不可少的价值追求,是实现环境治理现代化的必然选择。良好的环境秩序将"保障人和动植物等环境要素的安全"①,实现人与自然的和谐。在环境秩序实现的过程中,良好的社会秩序发挥着重要的作用。为了保障环境治理的效果,行政机关需要同时重视维护由社会规则所构建和维系的社会秩序,维持环境治理主体的和谐性,维护环境治理结构的稳定性,维护环境治理过程的有序性,由此决定了社会秩序也是环境治理法律制度的重要价值追求。

环境秩序和社会秩序之所以被视为环境行政管理法律制度的核心价值追求,是由自然所具有的客观规律性、社会行为的主观性和行政管理的内在规定性决定的。首先,人是自然的一部分,人的生存发展需要依托自然。人在与自然进行物质、能量和信息的交换过程中必须尊重自然规律,受自然规律的支配。人无视自然规律的束缚,盲目自大破坏自然秩序,必定会招致自然的惩罚,导致人类文明无法延续。例如,我国"古代一度辉煌的楼兰文明已被埋藏在万顷流沙之下,那里当年曾经是一块水草丰美之地。河西走廊、黄土高原都曾经水丰草茂,由于毁林开荒、乱砍滥伐,致使生态环境遭到严重破坏,加剧了经济衰落。唐代中叶以来,我国经济中心逐步向东、向南转移,很大程度上同西部地区生态环境变迁有关"②。惨痛的历史教训一再表明,尊重自然、维护自然秩序是人类文明发展延续的根本前提。其次,绝大多数的环境问题是人在开发、利用环境过程中,因其不合理的环境行为而导致的。环境问题在社会层面上表现为人与人之间因开发、利用环境所引起的竞争与冲突,这种冲突引发了"公地的悲剧",即每个人都想最大限度地利用环境公共物品来实现自身利益的最大化,同时试图把自己获利的代价外部化,把成本转嫁到外部。"公地的悲剧"导致了人与人之间社会关系的紧张,以及以环境为中介的社会秩序的破坏。环境行政管理法律制度就是要避免"公地的悲剧",通过在不同环境开发利用者之间协调、分配环境利益与环境义务,实现开发利用活动的

---

① 蔡守秋."人与自然和谐共处"是环境资源法学的基本理念[J].中州学刊,2005(3):84-86.

② 习近平.推动我国生态文明建设迈上新台阶[J].奋斗,2019(3):1-16.

有序性,达到维护社会秩序的目的。最后,环境作为一类公共物品,主要应由政府提供,由此决定了维护良好的环境秩序和社会秩序是政府的职责所在。2014年4月修订的《环境保护法》第六条第二款规定:"地方各级人民政府应当对本行政区域的环境质量负责。"在依法行政的过程中,地方各级人民政府应当恪尽职守、全面履责,约束、引导环境开发、利用、保护行为,改善和维持环境质量,维护良好的环境秩序和社会秩序。

(二) 生态安全与健康

生态安全与健康是"人类处在其赖以生存繁衍、永续、宁和发展的自然资源及环境系统中免于遭受各种过度污染和过度破坏的威胁与风险,而处于相对稳定、安全、完整、统一的状态,并且该系统所具有的自净功能和调节能力使因人类经济社会发展所带来的风险与冲击处于可承受和可恢复的范围之内"[①]。生态安全与健康理念是在人类改造自然环境的能力显著增强且极度膨胀,以至于足以对整个生态系统构成威胁,对人类生存和发展造成巨大的危险的背景下提出来的。生态安全与健康反映了人对环境问题的关切。这种关切不但指向人赖以生存的生态系统的安全,而且指向人自身的健康。

环境行政管理法律制度不仅是单纯地为了保护生态安全,关注生态系统的完整性和整体健康性,也是为了保护人的健康不因生态损害而遭受到威胁、危险、危害、损失,是一种"更加全面、客观、合理地衡量人类及资源环境的风险承载能力及所处的安全状况"的法律制度[②]。由此看来,行政管理法律制度中的生态安全与健康这一价值理念包含两个向度:一是"物"的安全,即生态系统的安全,保障生态系统处于良好的或者不受不可恢复的破坏的状态;二是人的健康,保障人的健康不因环境损害而受到严重影响。生态安全与健康价值理念反映了环境治理现代化的水平,是环境治理走向成熟化的重要体现。

生态安全与健康之所以成为环境行政管理法律制度的重要价值选择,是因为生态安全"从生态系统的角度说明了人类社会生存与发展所必

---

① 高振宁.强化环境安全确保可持续发展[J].生态与农村环境学报,2005(2):74-76.
② 蔡守秋.环境正义与环境安全:二论环境资源法学的基本理念[J].河海大学学报(哲学社会科学版),2005(2):4-8.

须的安全基础",是"人类与自然更基础和根本层次上的安全关系",因而也"是人类生存、活动空间永远处于第一位的问题"①。就我国而言,当前,环境安全问题凸显,持久性有机污染物污染、重金属污染防护问题依然存在,核安全、生物安全、遗传资源安全等环境问题亟须关注,这些问题已经成为制约我国经济社会协调发展的障碍。与此同时,近年来,全球人畜共患流行性疫病,这引发了不少突发性的公共卫生事件。例如,2002年暴发的严重急性呼吸综合征疫情、2015年暴发的中东呼吸综合征冠状病毒感染症疫情等都超出一国边界,在世界范围内快速蔓延,威胁人与其他生物的生命与健康,更加凸显了生态安全与健康价值的重要性。

(三) 环境行政效率

效率是指在给定投入和技术等条件下,最有效地使用资源以满足设定的愿望和需要的评价方式。它经常被用来评价资源投入和产出的经济合理性。环境治理现代化中的效率是指在环境保护过程中能够以较少的政治资源、经济资源、社会资源投入来获得较多的环境利益产出。环境行政效率是指政府及其公职人员在环境行政管理工作所投入的各种资源与所取得的成果和效益之间的比例关系。环境治理现代化要求提高环境行政效率,以尽可能少的行政资源投入,获得尽可能多的环境公共利益产出。

政府在环境保护中发挥着无可替代的作用,环境公共物品主要应由政府提供。在多数情况下,政府有能力开展环境保护工作,以"尽可能高的效率和在费用或能源方面用尽可能少的成本完成这些适当的工作"②。这是因为"官僚制是一种能够迅速而又精确、明晰、持续地完成职务工作的组织体系","通过法律化和制度化而使整个公共行政体系拥有同一性的形式;通过层级节制而使命令统一和行动谐调;通过专业化而使行为效率与机构效能最大化",成为"现代文明所内含的维持法律、经济和技术理性的必要条件或者组织手段"③。德国社会学家马克斯·韦伯认为,行政组织的纯粹官僚制形态具有精确性、稳定性、可靠性和纪律严明方面的优

---

① 秦鹏.论环境资源法的安全观[C].2007年全国环境资源法学研讨会(年会)论文集(第二册),2007:224-228.
② 武玉英.行政效率的解析[J].中国行政管理,2001(3):20-22.
③ 张康之.论公共行政从"效率导向"向"公正导向"的转变[J].湖南社会科学,2005(6):26-29.

势,与任何其他形式的组织相比,能够达到最高程度的效率。正是由于官僚制的所体现出的无可比拟的制度优越性,长期以来,我国的环境保护工作主要由行政机关主导开展。

环境行政效率价值内嵌于环境行政管理法律制度中,是环境行政管理法律制度设计必须遵守的基本理念。环境行政效率之所以作为环境行政管理法律制度的价值选择,是因为对于政府而言,其所掌握的资源和其所具有的注意力总是有限的,而要实现的经济社会环境目标却是无限的。政府对一个目标多投入资源,就意味着对其他目标少投入资源;对一个目标多凝聚注意力,就意味着对其他目标降低注意力。在既定的资源和注意力约束条件下,政府要想实现环境治理产出的最大化,需要着眼于提高环境行政效率,即政府以尽可能低的环境行政成本投入来实现环境保护效果的最大化产出。

(四) 环境分配正义

正义是国家治理现代化的重要价值目标。"正义是人类对社会利益、社会关系和社会形态理性化、合理化的应然要求,是人类崇高的价值、理想和目标。"①正义通常的解释是相同情况相同对待,不同情况区别处理。其本质是平等公道。罗尔斯认为,作为公平的正义理论,它包含三个著名的正义原则:第一个是平等自由原则;第二个是机会的公正平等原则;第三个是差别原则,强调利益的分配要适合于最少受惠者的最大利益。其中,第一个原则优先于第二个原则,而第二个原则又优先于第三个原则,且第三个原则最具特色。

环境正义是用公平和平等的理念规范人与人之间因环境开发利用保护行为而产生的社会关系。环境正义作为环境法的基本指导理念之一,是指"人类在自然环境下属于一个利益共同体,并因此而享有共同的生态权益,这一生态权益的基本要求是确保每个人都能在健康、安全的生态环境下生存与发展。任何人都不得为了私人的权益而破坏这一状态,并且因利用自然资源而获益的人还应当履行相应的环境保护与治理的义务"②。

环境治理现代化的重要任务之一就是努力实现环境的分配正义和矫正

---

① 徐猛.社会治理现代化的科学内涵、价值取向及实现路径[J].学术探索,2014(5):9-17.
② 殷鑫.生态正义视野下的生态损害赔偿法律制度研究[D].武汉:华中师范大学,2013.

正义,营造公平享受环境利益、公平承担环境义务,建立以遵守环境治理规则平等、开发利用环境机会平等、参与环境治理机会平等、弱者分配环境利益平等、环境义务分配平等、环境权益救济平等的环境治理保障体系。对于环境行政管理法律制度而言,环境分配正义是其应当坚持的基本价值理念。

环境分配正义所要解决的是环境利益与环境义务在政府、企事业单位、社会公众等主体间如何公平分配的问题,或者说环境分配正义解决的是政府在提供环境公共物品过程中,应当如何分配这些主体应得的环境利益和环境义务(职责),以维护良好的环境质量,实现人与自然的和谐。在分配的过程中,必然涉及环境法的基本制度安排、环境治理基本资源的配置,以及环境保护义务(职责)的配置。环境行政管理法律制度主要解决的是政府如何担当好环境公共利益分配主体角色,保障每个公民都能在健康安全的环境下生活;如何在政府内部不同的机关间合理分配环境保护职责;如何保障不同的资源开发利用主体平等地享有开发利用权利;如何保证不同的主体根据其所获环境公共利益的大小、对环境损害的大小或可能造成环境损害的大小以及能力大小分担环境保护义务。

环境分配正义之所以为环境行政管理法律制度的基本价值理念,是由政府在环境保护中扮演的角色所决定的。在提供环境公共物品的过程中,政府先要在行政机关内部对这类物品的分配权力和责任作出安排,之后享有分配权力的政府才能将环境公共物品向企事业单位、社会公众等进行再分配。基于此,为保证分配的合理性,维护政府环境管理的权威性、公信力、感召力和影响力,立法机关就必须在环境行政管理法律制度建设中提出分配正义的要求。

第三节 环境行政管理法律制度的问题分析

对于环境保护而言,政府扮演着至关重要的角色,这是任何其他公权力机关、社会组织、公民所能不能替代的。在环境治理过程中,政府如果下决心改善环境质量,严格执行环境行政管理法律制度,严格实施地方性环境保护规章制度,往往能够取得良好的治理效果。上海市苏州河的治理就是政府成功开展环境治理的一个典型案例。

苏州河是上海的母亲河,其原本是一条风光秀丽的水道,水质清澈,20世纪初曾是上海市重要的生活用水水源地。从20世纪50年代末开始,一些企业在苏州河沿岸建立,并直接往河水中排污,居民生活中产生的污水、粪便、垃圾、煤灰等也不经处理就直接排入河中,航运中产生的污染物亦直接排放,这些原因直接导致了苏州河自净能力的不断减退,严重的有机污染、底泥对水质的污染、支流对干流的污染、不利的水动力条件加剧了对苏州河水质的污染。20世纪70年代末,苏州河水质的污染问题已经相当严重。20世纪80年代初,在上海市委、市政府的高度重视下,苏州河水质的污染治理被提上议事日程。1988年8月,上海市开工建设了苏州河合流污水治理一期工程。1993年12月,苏州河合流污水治理一期主体工程建成通水,有效地抑制了苏州河水质的继续恶化。1996年6月,上海市决定启动苏州河综合整治,上海市市长亲自挂帅。为保障水环境治理效果,保障治理活动的常规化、有序性、有力性,1998年8月,上海市政府颁布了《上海市苏州河环境综合整治管理办法》,明确提出2000年以前水域消除黑臭、2010年水域恢复生态功能的治理目标。为推动落实治理活动,上海市苏州河每期治理工程都出台了环境综合整治方案,明确治理的具体工作细节,迄今共开展了四期治理活动:一期工程从1998年到2002年,通过铺设污水管道、建设污水处理厂,实现污水达标排放,2000年基本消除了苏州河干流黑臭水体;二期工程从2003年到2006年,主要目标是使干流水质稳定在景观用水标准,主要支流基本消除黑臭,苏州河环线以内建成自然景观和城市景观相协调的滨河景观廊道,通过新设计黄浦江和苏州河交汇处的一个闸门,将苏州河由原来东西方向往复流动,变成由西向东的单向流动,增加水体流速以期达到稳定水质、改善陆域环境的治理目标;三期工程从2007年到2012年,主要是清理苏州河底上百年的淤泥,建设水系截污、治污工程,配套建设污水处理厂并配套管网,实施环卫码头搬迁,三期工程过后,苏州河水系的水质同步改善、干流全部消除黑臭,水质稳定在Ⅴ类标准,结束了27年鱼虾绝迹的历史,河里发现了45种鱼;四期工程自2018年12月启动,将苏州河环境整治范围往西延伸至江苏省界,共855平方千米,涉及苏州河水系内12个区,进入全流域综合治理新阶段。四期工程坚持水岸同治,更加注重治理岸上的污染源,从根子上改善水环境;坚持干支流联治,加强整个水系的污染治理,实现流域水环境的全面改善;坚持两岸贯通与功能提升同步,推动苏州河与黄浦江"一江一河"交相辉映,实现还河于民、还岸线于民、还景于民。①

当地方政府不严格履行环境保护职责,无视环境公共利益,一味追求短期经济利益,漠视环境不法行为,走先污染、后治理的老路子时,环境问题必然会出现,并且会愈演愈烈。腾格里沙漠污染事件就是一个惨痛的典型案例。

腾格里沙漠位于内蒙古、宁夏和甘肃交界处,是中国的第四大沙漠,也是中国沙区中治沙科研示范区,曾经被誉为"人类治沙史上的奇迹",被联合国授予"全球环保500佳"的荣誉。在腾格里沙漠南缘的宁夏回族自治区中卫市沙坡头一带,已建立起了国家级自然保护区。腾格里工业园区隶属于内蒙古阿拉善盟,始建于1999年。作为招商引资的优惠条件,工业园区承诺帮助各家企业处理污水废液,但是园区管理方和企业都知道当地政府没有处理污染物的能力。腾格里工业园区曾吸引了数十家东部化工企业来此投资建厂,主要以硫化碱项目为主。这些高污染企业每年生产上万吨的硫化碱、对氨基苯甲醚、邻苯二胺、硫化染料和硫代硫酸钠等。从2010年开始,媒体不断曝光当地企业将未经处理的废水排入排污池,先让其自然蒸发,再将黏稠的沉淀物用铲车铲出,直接埋在沙漠里面。但是,地方政府一直没能有效解决腾格里沙漠的污染问题。2014年12月,习近平总书记作出重要批示,国务院专门成立督察组,敦促腾格里工业园区进行大规模整改。此后,工业园区的一些污染企业被关停或搬迁,当地政府开始对沙漠污染问题进行整改。②

从上面的两个典型案例可以看出,政府成为制约环境治理效果好与坏的一大关键性力量。在我国,政府对环境治理效果有如此大的影响,与其扮演的角色有很大关系。我国的环境行政管理具有明显的权威性治理特征,具体表现为中央具有环境治理统辖权,地方政府具体承担治理环境

---

① 陈玺撼. 苏州河整治走过20年:一图看懂苏州河治理前世今生[EB/OL]. (2018-12-30)[2022-08-06]. https://www.shobserver.com/news/detail? id=124616#top.

② 蓝海. 一文解密震惊全国的腾格里沙漠污染事件始末[EB/OL]. (2017-08-30)[2022-08-24]. https://huanbao.bjx.com.cn/news/20170830/846663-1.shtml.

义务,通过自上而下的压力型体制建设和行政干预来实现预定的环境治理目标。这种环境行政管理体制在环境保护法律制度中得以反映,并通过具体的法律制度设计不断强化。

一、环境行政管理体制机制问题分析

我国环境保护行政管理体制改革一直在摸索中前进。1974年10月,国务院环境保护领导小组正式成立,主要职责是负责制定环境保护的方针、政策和规定,审定全国环境保护规划,组织协调和督促检查各地区、各部门的环境保护工作。1982年5月,国务院启动第一次行政机构改革,将国家基本建设委员会、国家城市建设总局、国家建筑工程总局、国家测绘局、国务院环境保护领导小组办公室合并,组建城乡建设环境保护部,部内设环境保护局。1984年5月,我国成立国务院环境保护委员会。该委员会的任务是研究审定有关环境保护的方针、政策,提出规划要求,领导和组织协调全国的环境保护工作,办事机构设在城乡建设环境保护部,由环境保护局代行。1988年7月,国家环境保护局从城乡建设环境保护部分离出来,成立独立的国家环境保护局(副部级单位),作为国务院直属机构,也是国务院环境保护委员会的办事机构。1998年6月,国家环境保护局升格为国家环境保护总局(正部级单位),是国务院主管环境保护工作的直属机构,撤销国务院环境保护委员会。2008年7月,国家环境保护总局升格为环境保护部,成为国务院组成部门。2018年3月,我国组建了生态环境部,将其作为国务院组成部门,不再保留环境保护部;整合了分散的生态环境保护职责,将环境保护部的职责,国家发展和改革委员会的应对气候变化和减排职责,国土资源部的监督防止地下水污染职责,水利部的编制水功能区划、排污口设置管理、流域水环境保护职责,农业部的监督指导农业面源污染治理职责,国家海洋局的海洋环境保护职责,国务院南水北调工程建设委员会办公室的南水北调工程项目区环境保护职责整合,组建生态环境部。生态环境部的主要职责是负责建立健全生态环境基本制度,负责重大生态环境问题的统筹协调和监督管理,负责监督管理国家减排目标的落实,参与指导推动循环经济和生态环保产业发展,负责环境污染防治的监督管理,指导、协调和监督生态保护修复工作,负责核与辐射安全的监督管理,负责生态环境准入的监督管理,负责生态环境监测工作,负责应对气候变化工作,组织开展中央生态环境保护督察,统一负责生态环境监督执法,组织指导和协调生态环境宣传教育工作,开展生态环境国际合作交流,完成党中央、国务院交办的其他任务。

虽然我国环境保护行政管理体制改革取得了显著的成效,但是仍然存在一些不能适应环境保护的现实需要、无法满足环境治理现代化需求的问题。

(一)环境保护大部制改革与环境行政垂直管理改革的冲突

2015年4月发布的《中共中央 国务院关于加快推进生态文明建设的意见》将"健全生态文明制度体系"①作为生态文明建设的重点,提出加快推进生态文明体制机制改革。2015年9月,中共中央、国务院印发《生态文明体制改革总体方案》,提出"建立和完善严格监管所有污染物排放的环境保护管理制度,将分散在各部门的环境保护职责调整到一个部门,逐步实行城乡环境保护工作由一个部门进行统一监管和行政执法的体制。有序整合不同领域、不同部门、不同层次的监管力量,建立权威统一的环境执法体制,充实执法队伍,赋予环境执法强制执行的必要条件和手段。完善行政执法和环境司法的衔接机制"②。由此,我国拉开了环境保护大部制改革与环境行政垂直管理改革的序幕。

良好的环境行政管理体制是我国环境保护法律制度贯彻落实的根本组织保障。2014年4月修订的《环境保护法》第十条规定:"国务院环境保护主管部门,对全国环境保护工作实施统一监督管理;县级以上地方人民政府环境保护主管部门,对本行政区域环境保护工作实施统一监督管理。县级以上人民政府有关部门和军队环境保护部门,依照有关法律的规定对资源保护和污染防治等环境保护工作实施监督管理。"2022年3月第六次修正的《中华人民共和国地方各级人民代表大会和地方各级人民政府组织法》第七十三条规定,县级以上的地方各级人民政府"管理本行政区

---

① 中共中央,国务院. 中共中央 国务院关于加快推进生态文明建设的意见[EB/OL]. (2015-05-05)[2022-08-06]. http://www.gov.cn/xinwen/2015-05/05/content_2857363.htm.

② 中共中央,国务院. 生态文明体制改革总体方案[EB/OL]. (2015-09-21)[2022-08-10]. http://www.gov.cn/guowuyuan/2015-09/21/content_2936327.htm.

域内的经济、教育、科学、文化、卫生、体育、城乡建设等事业和生态环境保护、自然资源、财政、民政、社会保障、公安、民族事务、司法行政、人口与计划生育等行政工作";其第七十九条第一款规定:"地方各级人民政府根据工作需要和优化协同高效以及精干的原则,设立必要的工作部门。"我们从上述法律规定可以看出,"我国环境管理体制在横向关系上实行'统一管理与分部门负责相结合',除环境保护部门承担'统一监督管理'的职责外,还有大量相关部门也承担一定的环境保护职责;在纵向关系上实行'以块为主'体制,严格按照行政区划设定相应的环境保护部门,属于同级人民政府的组成部门。"①2018年,生态环境部组建,目的是在中央层面解决环境保护多头治理问题;同年,自然资源部组建,目的是将自然资源的所有权权属和监管权权属区分开来,避免环境行政部门产生既是运动员又是裁判的悖论,提高环境保护行政效率和公信力。

在环境保护大部制改革的同时,环境行政垂直管理改革也在开展。2016年9月,中共中央办公厅、国务院办公厅联合印发了《关于省以下环保机构监测监察执法垂直管理制度改革试点工作的指导意见》,提出要"建立健全条块结合、各司其职、权责明确、保障有力、权威高效的地方环境保护管理体制"②,克服地方保护主义,加强对地方政府履行环保职责的监督。其具体改革措施是:县级环保局不再作为同级政府的组成部门,调整为上级环保部门的派出机构;市级环保局实行以省环保厅(局)为主的双重管理,仍为市级政府工作部门;环境质量监测和环境监察职能统一上收,由省环保部门统一行使;环境执法重心下移,由市级环境部门对所辖区域的环境执法队伍进行集中管理。《关于省以下环保机构监测监察执法垂直管理制度改革试点工作的指导意见》出台后,河北、上海、江苏、浙江、福建、山东、湖北、重庆等试点省市,以及江西、天津等非试点省市出台了具体的改革实施方案。

环境保护大部制改革与环境行政垂直管理改革体现了我国生态文明

---

① 陈海嵩.生态文明体制改革的环境法思考[J].中国地质大学学报(社会科学版),2018(2):65-75.
② 中共中央办公厅,国务院办公厅.关于省以下环保机构监测监察执法垂直管理制度改革试点工作的指导意见[EB/OL].(2016-09-22)[2022-08-12]. http://www.gov.cn/zhengce/2016-09/22/content_5110853.htm.

体制改革的全面推进与深入发展。环境保护大部制改革是在尊重生态系统整体性的基础上,对我国传统的以块为主对环境要素进行分类管理的环境行政管理体制的突破。应该说,大部制改革的思路是正确的,可以避免"管水质的部门不管水量,管水量的部门无权管水质"①此类问题的发生。环境行政垂直管理改革在一定程度上解除了地方政府对环境保护主管部门的利益束缚,是我国环境法律长期以来坚持的统一管理与分部门负责相结合的环境行政管理体制的突破。

然而,环境保护大部制改革与环境行政垂直管理改革之间存在一定的冲突。在县域层面,这种冲突表现得非常明显。根据环境行政垂直管理改革,"目前的县(区)环保部门全部由上级环保部门进行垂直管理,同时根据'环保大部制改革'的精神,改革后的环保部门势必要吸收相关部门(包括国土资源部门、水利部门、林业部门等)在生态环境保护上的职权,甚至可能将原有多个部门加以合并。此时,在'大部制'改革中被划归到环保部门的其他职权,是否也应当进行垂直管理?如果不进行垂直管理,显然与前述《关于省以下环保机构监测监察执法垂直管理制度改革试点工作的指导意见》的精神不符;如果进行垂直管理,就意味着在事实上将无须垂直管理的其他部门职权也收归上级管理,造成县(区)政府在该领域缺乏部门支撑,无法履行相应政府责任。"②

(二)环境行政执法体制改革与《环境保护法》的冲突

现行《环境保护法》第十条对我国环境行政管理体制作出了整体性规定,即"国务院环境保护主管部门,对全国环境保护工作实施统一监督管理;县级以上地方人民政府环境保护主管部门,对本行政区域环境保护工作实施统一监督管理。县级以上人民政府有关部门和军队环境保护部门,依照有关法律的规定对资源保护和污染防治等环境保护工作实施监督管理。"其第二十四条、第二十五条对环境行政执法体制作出整体性规定,明确"县级以上人民政府环境保护主管部门及其委托的环境监察机构和其他负有环境保护监督管理职责的部门,有权对排放污染物的企业事业单

---

① 李嵩誉.生态优先理念下的环境法治体系完善[J].中州学刊,2017(4):62-65.
② 陈海嵩.生态文明体制改革的环境法思考[J].中国地质大学学报(社会科学版),2018(2):65-75.

位和其他生产经营者进行现场检查。被检查者应当如实反映情况,提供必要的资料。实施现场检查的部门、机构及其工作人员应当为被检查者保守商业秘密。""企业事业单位和其他生产经营者违反法律法规规定排放污染物,造成或者可能造成严重污染的,县级以上人民政府环境保护主管部门和其他负有环境保护监督管理职责的部门,可以查封、扣押造成污染物排放的设施、设备。"根据上述法律规定,县级人民政府环境保护主管部门作为独立的行政主体,享有法定的环境行政执法权,可以对环境违法行为实施现场检查、行政处罚、行政强制;县级人民政府环境监察执法机构具有环境保护现场检查法定职权,其本身并不具有行政处罚、行政强制的法定职权,但可以在县级人民政府环境保护主管部门授权委托后以授权主体名义实施行政处罚。[1]

然而,根据《关于省以下环保机构监测监察执法垂直管理制度改革试点工作的指导意见》对环境行政执法体制进行的改革安排,县级人民政府的环境保护主管部门从本级政府中分离出来,被调整为上级环境保护行政主管部门的派出机构,由地级市环境保护行政部门垂直管理,县级人民政府环境保护主管部门的行政主体资格消失。"由于现行法律法规中并未就作为派出机构的县级环保部门进行单独授权,其实施现场检查、行政处罚、行政强制的权力也就不复存在,也就不可能继续委托环境执法部门实施行政处罚。此时,基层环境执法部门进行现场检查、行政处罚就缺乏明确的法律依据,造成环境执法'权力—责任'体系的混乱,也使得行政相对人难以确定提起行政救济(行政复议和行政诉讼)的对象,不利于公民权益的保护。"[2]

(三) 跨行政区域环境管理协调机制不健全

环境具有整体性、系统性的特征,其生态功能区域和行政区域在多数情况下无法重合。"一个地方的污染排放会影响到周边甚至更广泛的行政区。这种格局下,按照行政区划设置的生态环境行政管辖机制,就难以有效应对一些跨区域的生态环境污染问题。"[3]

---

[1] 陈海嵩.生态文明体制改革的环境法思考[J].中国地质大学学报(社会科学版),2018(2):65-75.

[2] 陈海嵩.生态文明体制改革的环境法思考[J].中国地质大学学报(社会科学版),2018(2):65-75.

[3] 宋湛.促进三重转型:行政体制改革的主攻方向[J].中国行政管理,2014(7):31-33.

我国很早就认识到环境所具有的跨行政区域特点，早在1986年就在《渔业法》中规定，"江河、湖泊等水域的渔业，按照行政区划由有关县级以上人民政府渔业行政主管部门监督管理；跨行政区域的，由有关县级以上地方人民政府协商制定管理办法，或者由上一级人民政府渔业行政主管部门及其所属的渔政监督管理机构监督管理"。1988年1月颁布的《水法》要求跨行政区域的水量分配方案通过协商确立，其第三十一条第三款规定，"跨行政区域的水量分配方案，由上一级人民政府水行政主管部门征求有关地方人民政府的意见后制定，报同级人民政府批准后执行"。1996年5月修订的《水污染防治法》要求跨行政区域的水污染纠纷通过协商解决，其第二十六条规定，"跨行政区域的水污染纠纷，由有关地方人民政府协商解决，或者由其共同的上级人民政府协调解决"。2002年10月发布的《环境影响评价法》规定了对跨行政区域的环境影响评价文件结论发生争议时的解决方式，其第二十三条第三款规定，"建设项目可能造成跨行政区域的不良环境影响，有关环境保护行政主管部门对该项目的环境影响评价结论有争议的，其环境影响评价文件由共同的上一级环境保护行政主管部门审批"。2011年9月发布的《太湖流域管理条例》第十条规定："太湖流域县级以上地方人民政府应当按照水源互补、科学调度的原则，合理规划、建设应急备用水源和跨行政区域的联合供水项目。"2011年10月，国务院发布的《国务院关于加强环境保护重点工作的意见》提出完善跨行政区域环境执法合作机制和部门联动执法机制。

2014年4月修订的《环境保护法》对跨行政区域环境管理协调机制进行了统筹性规定，其第二十条规定，"国家建立跨行政区域的重点区域、流域环境污染和生态破坏联合防治协调机制，实行统一规划、统一标准、统一监测、统一的防治措施。前款规定以外的跨行政区域的环境污染和生态破坏的防治，由上级人民政府协调解决，或者由有关地方人民政府协商解决"。

2016年4月国务院办公厅发布的《关于健全生态保护补偿机制的意见》提出："建立由国家发展改革委、财政部会同有关部门组成的部际协调机制，加强跨行政区域生态保护补偿指导协调，组织开展政策实施效果评估，研究解决生态保护补偿机制建设中的重大问题，加强对各项任务的统筹推进和落实。"①2016年5月,国务院发布的《土壤污染防治行动计划》提出探索建立跨行政区域土壤污染防治联动协作机制。2020年3月,国务院第二次修订的《中华人民共和国渔业法实施细则》明确了跨行政区域内陆水域渔业管理的协调措施,即"跨行政区域的内陆水域渔业,由有关县级以上地方人民政府协商制定管理办法,或者由上一级人民政府渔业行政主管部门及其所属的渔政监督管理机构监督管理;跨省、自治区、直辖市的大型江河的渔业,可以由国务院渔业行政主管部门监督管理"。2020年4月修订的《固体废物污染环境防治法》第八条规定:"各级人民政府应当加强对固体废物污染环境防治工作的领导,组织、协调、督促有关部门依法履行固体废物污染环境防治监督管理职责。省、自治区、直辖市之间可以协商建立跨行政区域固体废物污染环境的联防联控机制,统筹规划制定、设施建设、固体废物转移等工作。"2020年12月我国发布的《中华人民共和国长江保护法》第八十条规定:"国务院有关部门和长江流域地方各级人民政府及其有关部门对长江流域跨行政区域、生态敏感区域和生态环境违法案件高发区域以及重大违法案件,依法开展联合执法。"

上述众多环境法律文件表明,我国对跨行政区域环境管理协调机制建设非常重视。不管是作为环境保护综合法律的《环境保护法》,还是《渔业法》《水法》《水污染防治法》《环境影响评价法》,都对跨行政区域环境管理协调机制作出了规定。但是,这些规定又都比较笼统,并没给出具体的协调措施。事实上,对于跨行政区域的环境问题,不能仅仅依赖于2014年4月修订的《环境保护法》第二十条规定的"由上级人民政府协调解决,或者由有关地方人民政府协商解决"这种协商式民主解决模式,还需要出台具体的激励措施,推动上级人民政府或者有关地方人民政府积极进行协商以解决跨行政区域的环境问题。因为地方政府往往不愿投入巨大的资金和精力用于跨行政区域环境问题的治理,而这种治理并不能给它们带来较好的政治、经济、社会收益,反而会大大增加它们的财政负担。②在环境治理"搭便车"所取得的利益要比实际投入资源治理环境所

---

① 国务院办公厅. 关于健全生态保护补偿机制的意见[EB/OL]. (2016-04-28)[2022-08-11]. http://www.gov.cn/zhengce/content/2016-05/13/content_5073049.htm.
② 张劲松. 去中心化:政府生态治理能力的现代化[J]. 甘肃社会科学,2016(1):12-17.

取得的收益划算得多的情况下,跨行政区域环境问题所涉及的地方政府往往不会有协商治理环境的内生动力。

(四)中央与地方环境行政权责分配不均衡

《环境保护法》规定了地方政府环境保护的职权和职责,同时规定了国务院环境保护主管部门统一监督管理全国环境保护工作的职权。《环境保护法》将环境保护的职责落实到地方政府,将考核评价环境保护效果的权力赋予中央政府,中央政府和地方政府间环境保护的权责有待均衡。

二、预防性环境行政管理法律制度缺失分析

先污染、后治理的环境保护理念已经让西方工业化国家付出了惨重的代价。正因为看到了西方国家环境保护走过的弯路,我国从一开始就意识到先污染、后治理的弊端,认识到环境保护防患于未然的重要性,在环境法律制度建立之初就确立了预防为主的原则,并根据这一原则制定了一系列预防性环境行政管理法律制度。值得肯定的是,这些预防性环境行政管理法律制度在环境保护中发挥了重要作用,使我国在一定程度上避免了一些环境损害的发生,节省了环境保护成本。在肯定预防性环境行政管理法律制度的实施所取得的现实成绩的同时,我们也应当注意到这类制度还存在的不科学、不完善之处。

(一)环境规划制度的科学性不足

最佳的环境保护措施就是在环境损害还没有发生而有发生之虞时,或者甚至在仅有遇见可能性时,就已经被排除或使之不存在。环境规划制度是预防原则的具体落实,是被认为最适当且能实现预防原则要求的制度措施。环境规划制度"积极地于一定危险性产生之前即应去阻止对环境之危害性之产生,并持续地致力于基本自然生态之保护及美化,并针对环境问题之特质而致力于透过预测性之措施,以及计划整合性之措施以预防可能的环境负担之所在,以及透过珍稀利用既存之环境资源之方法以长期地保护生态基础"①。

我国很早就认识到环境规划的重要性,1973年8月召开的第一次全

---

① 陈慈阳.环境法总论[M].北京:中国政法大学出版社,2003:208.

国环境保护会议确立了"全面规划、合理布局"的工作方针。会后,国务院颁发了《关于保护和改善环境的若干规定(试行草案)》,对于"全面规划、合理布局"进行了详细阐述。同年11月,国务院在批转《国家计划委员会关于全国环境保护会议情况的报告》中明确提出,"要做好环境保护规划工作,使工业和农业,城市和乡村,生产和生活,发展和环境保护,同时并进,协调发展"①。

1974年10月,国务院环境保护领导小组提出了"五年控制,十年基本解决污染问题"②的奋斗目标,用来指导全国制定污染治理规划的工作。同年12月,国务院环境保护领导小组发布了《环境保护规划要点和主要措施》,规定将水系污染、城市污染、企业排污、农药污染等污染作为今后环境保护规划制定的要点,并提出通过制定防治污染的规划进行落实。1975年5月,国务院环境保护领导小组颁布的《关于环境保护的十年规划意见》指出,要将治理工业污染、改善城市环境、控制水系污染、防止食品污染作为1976—1980年要实现的主要目标。1976年2月,国家计划委员会、国务院环境保护领导小组联合下发的《关于编制环境保护长远规划的通知》要求,从1977年起,切实把环境保护纳入国民经济的长远规划和年度计划。

1979年9月,全国人民代表大会常务委员会公布的《环境保护法(试行)》对"全面规划,合理布局"的工作方针进行了重申:要求统筹环境规划与国民经济计划之间的关系;要求编制环境规划以治理已出现的环境污染和其他公害;要求城市建设进行"全面规划,合理布局";要求制定环境规划以保护和发展牧草资源;规定了环保机构制定环境保护的长远规划和年度计划的职权。从内容上来看,作为新中国成立后第一部综合性的环境保护基本法,《环境保护法(试行)》对环境规划制度所应当发挥的作用给予厚望。此后,《中华人民共和国国民经济和社会发展第六个五年计划摘要》(以下简称《计划摘要》)把环境保护纳入其中,并提出了环境保护规划所需达到的要求,该《计划摘要》对环境目标

---

① 金碚.中国工业发展报告[M].北京:经济管理出版社,2005:120.
② 第二次全国环境保护会议筹备处.全国环境保护展览简介[J].环境与可持续发展,1978(7):7.

有一定的表述，但没有形成独立的环境规划文本。这一时期，山东省济南市制定了综合性的环境规划，国务院技术经济研究中心与山西省政府联合制定了《山西能源重化工基地综合经济规划》的环境专项规划，这两项规划是我国最早的区域环境规划。

1982年3月生效的《海洋环境保护法》是我国首部规定环境规划制度的单行法。该法第九条规定："海涂的开发利用应当全面规划，加强管理。"1984年11月实施的《水污染防治法》第十条要求，"把保护城市水源和防治城市水污染纳入城市建设规划"，"合理规划工业布局"。1987年9月颁布的《大气污染防治法》第二条要求"将大气环境保护工作纳入国民经济和社会发展计划，合理规划工业布局"，要求统筹规划城市建设，以防治烟尘污染。"七五"期间，国家计划委员会和国务院环境保护委员会制订和联合下发了第一个国家环境保护五年计划——《"七五"时期国家环境保护计划》。该计划是我国的第一份内容比较丰富、指标比较齐全、方法比较科学的环境保护五年计划。1989年9月，国家环境保护局在北戴河召开了环境保护年度计划工作研讨会，会议决定，1990年在辽宁、山东、甘肃、福建、北京、上海、天津、武汉、大连、重庆、兰州、吉林等12个省、市开展环境保护年度计划试点工作。1989年12月颁布的《环境保护法》提出，"国家制定的环境保护规划必须纳入国民经济和社会发展计划"；赋予环境保护行政主管部门拟定环境保护规划的职权；要求制定城市规划时，应当确定保护和改善环境的目标和任务。

1992年6月联合国环境与发展大会召开以后，我国确立了可持续发展战略，提出要实现经济与环境协调发展。同年8月，中共中央、国务院批准转发《环境与发展十大对策》，要求各级人民政府和有关部门在制定和实施可持续发展战略时编制环境保护规划。同年颁布的《国家环境保护"八五"计划》将总量控制、重点项目作为计划重要内容，环境规划在规划方法和体系方面都取得了较大的发展，确定了65项指标，形成了国家、地方、行业、重点项目、重点工程、重点流域等一体的环境规划体系。从1992年开始，环境保护年度计划正式纳入国民经济与社会发展计划体系。1993年，国家环境保护局发文，要求各城市编制城市环境综合整治规划，并下发了《城市环境综合整治规划编制技术大纲》，组织编制了《环境规划指南》。

1993年7月发布的《农业法》第五十四条第二款要求:"各级人民政府应当制订农业资源区划、农业环境保护规划和农村能源发展计划,组织农业生态环境治理。"为了保证环境保护作为国民经济和社会发展计划的重要组成部分参与综合平衡,发挥计划的指导和宏观调控作用,国家计划委员会和国家环境保护局于1994年8月联合发布了《环境保护计划管理办法》。1995年10月发布的《固体废物污染环境防治法》第六条规定:"县级以上人民政府应当将固体废物污染环境防治工作纳入环境保护规划,并采取有利于固体废物污染环境防治的经济、技术政策和措施。"1996年7月,我国召开了第四次全国环境保护会议,会后发布了《国家环境保护"九五"计划和2010年远景目标》,提出要实施全国主要污染物排放总量控制计划和中国跨世纪绿色工程规划。1996年10月发布的《环境噪声污染防治法》第四条规定:"国务院和地方各级人民政府应当将环境噪声污染防治工作纳入环境保护规划,并采取有利于声环境保护的经济、技术政策和措施。"

1999年12月修订的《海洋环境保护法》明确了海洋环境规划的法律地位。其第七条规定:"国家根据海洋功能区划制定全国海洋环境保护规划和重点海域区域性海洋环境保护规划。毗邻重点海域的有关沿海省、自治区、直辖市人民政府及行使海洋环境监督管理权的部门,可以建立海洋环境保护区域合作组织,负责实施重点海域区域性海洋环境保护规划、海洋环境污染的防治和海洋生态保护工作。"其第四十七条规定:"海洋工程建设项目必须符合海洋功能区划、海洋环境保护规划和国家有关环境保护标准,在可行性研究阶段,编报海洋环境影响报告书,由海洋行政主管部门核准,并报环境保护行政主管部门备案,接受环境保护行政主管部门监督。"2000年4月修订的《大气污染防治法》第十七条规定:"国务院按照城市总体规划、环境保护规划目标和城市大气环境质量状况,划定大气污染防治重点城市。"2002年8月修订的《水法》第十五条规定:"流域范围内的区域规划应当服从流域规划,专业规划应当服从综合规划。流域综合规划和区域综合规划以及与土地利用关系密切的专业规划,应当与国民经济和社会发展规划以及土地利用总体规划、城市总体规划和环境保护规划相协调,兼顾各地区、各行业的需要。"2002年12月修订的《草原法》明确了草原规划的法律地位。其第二十条规定:"草原保护、建设、利用规划应当与土地利用总体规划相衔接,与环境保护规划、水土保持规划、防沙治沙规划、水资源规划、林业长远规划、城市总体规划、村庄和集镇规划以及其他有关规划相协调。"2003年6月发布的《放射性污染防治法》第五条要求:"县级以上人民政府应当将放射性污染防治工作纳入环境保护规划。"2010年12月修订的《水土保持法》第十三条第三款提出:"水土保持规划应当与土地利用总体规划、水资源规划、城乡规划和环境保护规划等相协调。"

2014年4月修订的《环境保护法》对环境规划作出了系统性规定,提出"县级以上人民政府应当将环境保护工作纳入国民经济和社会发展规划。国务院环境保护主管部门会同有关部门,根据国民经济和社会发展规划编制国家环境保护规划,报国务院批准并公布实施。县级以上地方人民政府环境保护主管部门会同有关部门,根据国家环境保护规划的要求,编制本行政区域的环境保护规划,报同级人民政府批准并公布实施。环境保护规划的内容应当包括生态保护和污染防治的目标、任务、保障措施等,并与主体功能区规划、土地利用总体规划和城乡规划等相衔接"。

2016年11月第二次修正的《海洋环境保护法》将原第四十七条修改为:"海洋工程建设项目必须符合全国海洋主体功能区规划、海洋功能区划、海洋环境保护规划和国家有关环境保护标准。海洋工程建设项目单位应当对海洋环境进行科学调查,编制海洋环境影响报告书(表),并在建设项目开工前,报海洋行政主管部门审查批准。"2018年8月发布的《土壤污染防治法》明确了土壤污染防治规定的法律地位。其第十一条规定:"县级以上人民政府应当将土壤污染防治工作纳入国民经济和社会发展规划、环境保护规划。设区的市级以上地方人民政府生态环境主管部门应当会同发展改革、农业农村、自然资源、住房城乡建设、林业草原等主管部门,根据环境保护规划要求、土地用途、土壤污染状况普查和监测结果等,编制土壤污染防治规划,报本级人民政府批准后公布实施。"2018年12月修正的《环境噪声污染防治法》第四条规定:"国务院和地方各级人民政府应当将环境噪声污染防治工作纳入环境保护规划,并采取有利于声环境保护的经济、技术政策和措施。"2020年4月修订的《固体废物污染环境防治法》第十三条要求:"县级以上人民政府应当将固体废物污染环境防治工作纳入国民经济和社会发展规划、生态环境保护规划,并采取有效措施减少固体废物的产生量、促进固体废物的综合利用、降低固体废物的危害性,最大限度降低固体废物填埋量。"

通过环境规划制度的发展脉络可以看出,我国自开始认识到环境问题以来,就对这一制度寄予厚望,几乎所有的环境保护法律都规定了环境规划制度。但是,由于环境规划制度存在一定的缺陷,这项制度没有发挥好第一道防线的作用。

环境规划的科学性不足是制约我国环境行政效率提升的一大突出问题,也是这一制度没能有效发挥第一道防线的作用的重要原因。自"七五"以来,我国环境规划就被纳入国民经济和社会发展规划;同时,国家也连续出台了环境保护专项规划。理论上,环境规划制度作为最为核心的一项环境宏观管理制度,只要严格按照环境规划的要求对生产生活活动、开发利用活动、环境保护活动进行预先规划,就能有效避免环境损害的发生,局部性环境问题就应该没有新增并日益减少,生态破坏问题就应该得以避免,环境质量就应该得以明显改善。然而,现实并非如此,我国环境问题依旧严峻。一些学者认为,我国环境问题频发的原因与环境规划落实不严有很大关系。其具体表现为:不少环境规划文件所提出的预期目标完成不了,出现既欠"旧账"又产生"新账"的问题。

(二)污染物排放总量控制制度科学性不足

污染物排放总量控制的目的是将排入某一控制区域的污染物总量、某一类污染物的排放总量控制在一定限度之内,以满足环境质量的要求,促进产业结构优化、技术进步和资源节约,促进环境资源的合理配置,提高污染治理的积极性。污染物排放总量控制制度是预防原则的具体落实,很早就为我国所重视。1986年11月,国家环境保护委员会(现已撤销)颁布了《关于防治水污染技术政策的规定》。该规定明确指出:"对流域、区域、城市、地区以及工厂企业污染物的排放要实行总量控制。"① 这是

---

① 国务院环境保护委员会.国务院环境保护委员会关于防治水污染技术政策的规定[J].水资源保护,1987(1):14-19.

污染物排放总量控制制度第一次在我国规范性文件中出现。1996年3月,全国人民代表大会发布的《国民经济和社会发展"九五"计划和2010年远景目标纲要》提出要创造条件实施污染物排放总量控制。这标志着污染物排放总量控制制度的开始步入实践。1996年5月修正的《水污染防治法》首次在环境保护法中明确了污染物排放总量控制制度的法律地位。其第十六条规定:"省级以上人民政府对实现水污染物达标排放仍不能达到国家规定的水环境质量标准的水体,可以实施重点污染物排放的总量控制制度,并对有排污量削减任务的企业实施该重点污染物排放量的核定制度。"1996年8月国务院发布的《国务院关于环境保护若干问题的决定》提出:"要实施污染物排放总量控制,抓紧建立全国主要污染物排放总量指标体系和定期公布制度。"[1]同时,国家决定在"九五"期间对废气或者废水中排放的烟尘、二氧化硫、粉尘、化学耗氧量、石油类、氰化物、砷、汞、铅、镉、六价铬和工业固体废物排放量12项指标实行排放总量控制。1996年9月,国务院批准实施《"九五"期间全国主要污染物排放总量控制计划》。为保证《"九五"期间全国主要污染物排放总量控制计划》的实施,指导各地进行污染物排放总量控制,1997年6月,国家环境保护总局(现已撤销)发布了《"九五"期间全国主要污染物排放总量控制实施方案(试行)》。

　　1999年12月修订的《海洋环境保护法》明确了海洋污染物排放总量控制制度。其第三条规定:"国家建立并实施重点海域排污总量控制制度,确定主要污染物排海总量控制指标,并对主要污染源分配排放控制数量。在国家建立并实施排污总量控制制度的重点海域,水污染物排放标准的制定,还应当将主要污染物排海总量控制指标作为重要依据。"2000年4月修订的《大气污染防治法》提出了大气污染物排放总量控制要求。其第十五条规定:"国务院和省、自治区、直辖市人民政府对尚未达到规定的大气环境质量标准的区域和国务院批准划定的酸雨控制区、二氧化硫污染控制区,可以划定为主要大气污染物排放总量控制区。主要大

---

[1] 国务院.关于环境保护若干问题的决定[EB/OL].(1996-08-03)[2022-08-11]. http://www.mee.gov.cn/zcwj/gwywj/201811/t20181129_676358.shtml.

气污染物排放总量控制的具体办法由国务院规定。大气污染物总量控制区内有关地方人民政府依照国务院规定的条件和程序,按照公开、公平、公正的原则,核定企业事业单位的主要大气污染物排放总量,核发主要大气污染物排放许可证。有大气污染物总量控制任务的企业事业单位,必须按照核定的主要大气污染物排放总量和许可证规定的排放条件排放污染物。"其第三十条规定:"新建、扩建排放二氧化硫的火电厂和其他大中型企业,超过规定的污染物排放标准或者总量控制指标的,必须建设配套脱硫、除尘装置或者采取其他控制二氧化硫排放、除尘的措施。"2002年6月颁布的《清洁生产促进法》第十九条要求企业在进行技术改造过程中,"采用能够达到国家或者地方规定的污染物排放标准和污染物排放总量控制指标的污染防治技术"。2008年2月修订的《水污染防治法》第九条要求:"排放水污染物,不得超过国家或者地方规定的水污染物排放标准和重点水污染物排放总量控制指标。"2009年12月颁布的《海岛保护法》第二十四条提出:"海岛的开发、建设不得超出海岛的环境容量。新建、改建、扩建建设项目,必须符合海岛主要污染物排放、建设用地和用水总量控制指标的要求。"

2014年4月修订的《环境保护法》明确了污染物排放总量控制制度的基本法律地位。其第四十四条规定:"国家实行重点污染物排放总量控制制度。重点污染物排放总量控制指标由国务院下达,省、自治区、直辖市人民政府分解落实。企业事业单位在执行国家和地方污染物排放标准的同时,应当遵守分解落实到本单位的重点污染物排放总量控制指标。对超过国家重点污染物排放总量控制指标或者未完成国家确定的环境质量目标的地区,省级以上人民政府环境保护主管部门应当暂停审批其新增重点污染物排放总量的建设项目环境影响评价文件。"其第六十条规定:"企业事业单位和其他生产经营者超过污染物排放标准或者超过重点污染物排放总量控制指标排放污染物的,县级以上人民政府环境保护主管部门可以责令其采取限制生产、停产整治等措施;情节严重的,报经有批准权的人民政府批准,责令停业、关闭。"

2015年8月第二次修订的《大气污染防治法》补充和细化了污染物排放总量控制制度的内容。其第二十一条规定:"国家对重点大气污染物排放实行总量控制。重点大气污染物排放总量控制目标,由国务院环境保护主管部门在征求国务院有关部门和各省、自治区、直辖市人民政府意见后,会同国务院经济综合主管部门报国务院批准并下达实施。省、自治区、直辖市人民政府应当按照国务院下达的总量控制目标,控制或者削减本行政区域的重点大气污染物排放总量。确定总量控制目标和分解总量控制指标的具体办法,由国务院环境保护主管部门会同国务院有关部门规定。省、自治区、直辖市人民政府可以根据本行政区域大气污染防治的需要,对国家重点大气污染物之外的其他大气污染物排放实行总量控制。"其第二十二条规定:"对超过国家重点大气污染物排放总量控制指标或者未完成国家下达的大气环境质量改善目标的地区,省级以上人民政府环境保护主管部门应当会同有关部门约谈该地区人民政府的主要负责人,并暂停审批该地区新增重点大气污染物排放总量的建设项目环境影响评价文件。重点排污单位名录由设区的市级以上地方人民政府环境保护主管部门按照国务院环境保护主管部门的规定,根据本行政区域的大气环境承载力、重点大气污染物排放总量控制指标的要求以及排污单位排放大气污染物的种类、数量和浓度等因素,商有关部门确定,并向社会公布。国家对消耗臭氧层物质的生产、使用、进出口实行总量控制和配额管理。"同时,2015年8月第二次修订的《大气污染防治法》还明确了违反污染物排放总量控制制度的处罚措施。

2016年11月第二次修正的《海洋环境保护法》增加了对主要污染物排海总量控制指标的要求。其第十一条第二款、第三款规定:"排污单位在执行国家和地方水污染物排放标准的同时,应当遵守分解落实到本单位的主要污染物排海总量控制指标。对超过主要污染物排海总量控制指标的重点海域和未完成海洋环境保护目标、任务的海域,省级以上人民政府环境保护行政主管部门、海洋行政主管部门,根据职责分工暂停审批新增相应种类污染物排放总量的建设项目环境影响报告书(表)。"

2017年6月第二次修正的《水污染防治法》完善和细化了水污染物排放总量控制制度的内容。其第二十条规定:"国家对重点水污染物排放实施总量控制制度。重点水污染物排放总量控制指标,由国务院环境保护主管部门在征求国务院有关部门和各省、自治区、直辖市人民政府意见后,会同国务院经济综合宏观调控部门报国务院批准并下达实施。省、自治区、直辖市人民政府应当按照国务院的规定削减和控制本行政区域的重点水污染物排放总量。具体办法由国务院环境保护主管部门会同国务院有关部门规定。省、自治区、直辖市人民政府可以根据本行政区域水环境质量状况和水污染防治工作的需要,对国家重点水污染物之外的其他水污染物排放实行总量控制。对超过重点水污染物排放总量控制指标或者未完成水环境质量改善目标的地区,省级以上人民政府环境保护主管部门应当会同有关部门约谈该地区人民政府的主要负责人,并暂停审批新增重点水污染物排放总量的建设项目的环境影响评价文件。约谈情况应当向社会公开。"

2018年8月发布的《土壤污染防治法》规定了土壤污染物总量控制制度。其第二十三条规定:"各级人民政府生态环境、自然资源主管部门应当依法加强对矿产资源开发区域土壤污染防治的监督管理,按照相关标准和总量控制的要求,严格控制可能造成土壤污染的重点污染物排放。"其第二十六条规定:"国务院农业农村、林业草原主管部门应当制定规划,完善相关标准和措施,加强农用地农药、化肥使用指导和使用总量控制,加强农用薄膜使用控制。"2020年12月发布的《长江保护法》第二十条第二款、第三款规定:"国务院生态环境主管部门根据水环境质量改善目标和水污染防治要求,确定长江流域各省级行政区域重点污染物排放总量控制指标。企业事业单位应当按照要求,采取污染物排放总量控制措施。"

通过污染物排放总量控制制度的发展脉络,我们可以看出,这一制度的具体内容被不断细化,操作性越来越强;制度实施的领域在不断扩展,从水体、海洋扩展到大气、土壤等环境要素。理论上,既然我国已经广泛采用污染物排放总量控制制度来预先限制污染物的排放,我国环境中的污染物种类、浓度、总量等应该是持续下降的,环境质量应该是持续改善的;现实中,污染物排放总量控制制度所具有的环境污染预防作用并没有得到有效发挥。究其原因,这跟污染物排放总量控制制度科学性有待提升有很大关系。

污染物排放总量控制制度科学性不足表现在两个方面:一方面,在该项制度中,污染物这一概念的外延较窄,仅指重点污染物。所谓总量,是指重点污染物的排放总量,而非所有污染物的排放总量。重点污染物包括化学需氧量、总氮、总磷、重金属、二氧化硫、氮氧化物、烟粉尘和挥发性有机物等。除了重点污染物,其他污染物(如抗生素、烯烃、萘、蒽、糖类、脂肪、蛋白质、维生素等物质)超过环境容许的限度大量排放也会造成严重的环境损害,但是这些物质并没有被列入污染物排放总量控制的范围。另一方面,总量的确定方法不科学。污染物排放总量控制的目的是将某一控制区域的所有污染物的排放总量、某一类污染物的排放总量控制在环境容量和环境承载能力的限度内,以避免环境问题的产生,满足环境质量的要求。然而,我国是以政府的环境工作目标为基础来确定污染物排放总量,而不是以环境容量和环境承载力为基础来科学确立污染物排放总量的。

(三)环境与健康监测、调查和风险评估制度不完善

我国的环境与健康监测、调查和风险评估制度起步较晚。长期以来,我国偏重环境与健康的科学性研究,在一定程度上忽视了环境与健康法律制度的建设。例如,2002年,科技部发布的《可持续发展科技纲要(2001—2010年)》提出要重点加强环境与健康的科技研究。2003年非典型性肺炎疫情暴发后,我国虽然加强了野生动物保护立法,但是仍然没有认识到加强环境与健康预防性行政管理法律制度建设的重要性。2005年12月,《国务院关于落实科学发展观加强环境保护的决定》提出,要推动环境科技进步,开展环境与健康研究。2007年11月,卫生部、环保总局、发展改革委等18个部委联合印发的《国家环境与健康行动计划》首次提出要建立健全环境与健康法律法规标准体系,完善环境与健康相关法律法规的总体方案。2011年10月,《国务院关于加强环境保护重点工作的意见》提出,将有效防范环境风险和妥善处置突发环境事件和开展重点流域、区域环境与健康调查研究作为今后一段时期的工作重点。2012年2月,环境保护部发布了《关于加快完善环保科技标准体系的意见》,提出要加强环境与健康调查研究,为建立我国环境基准奠定基础。

2014年4月修订的《环境保护法》把保障公众健康作为立法目的之一,并在其第二十九条中提出"国家建立、健全环境与健康监测、调查和风

险评估制度；鼓励和组织开展环境质量对公众健康影响的研究，采取措施预防和控制与环境污染有关的疾病"。这标志着我国环境与健康预防性行政管理法律制度的正式确立，也为该制度的深入发展奠定了法律基础。为落实2014年4月修订的《环境保护法》的规定，2015年4月发布的《中共中央 国务院关于加快推进生态文明建设的意见》要求，健全环境与健康调查、监测和风险评估制度。2016年11月国务院印发的"十三五"生态环境保护规划》细化了环境与健康预防性行政管理法律制度的内容，提出"完善风险防控和应急响应体系。建立化学品环境与健康风险评估方法、程序和技术规范体系。开展环境与健康调查、监测和风险评估。制定环境与健康工作办法，建立环境与健康调查、监测和风险评估制度，形成配套政策、标准和技术体系。开展重点地区、流域、行业环境与健康调查，初步建立环境健康风险哨点监测工作网络，识别和评估重点地区、流域、行业的环境健康风险，对造成环境健康风险的企业和污染物实施清单管理，研究发布一批利于人体健康的环境基准。加强有毒有害化学品环境与健康风险评估能力建设"。① 2017年2月，为贯彻落实《环境保护法》《中共中央 国务院关于加快推进生态文明建设的意见》《"十三五"生态环境保护规划》的有关要求，推进环境与健康工作，环境保护部出台了《国家环境保护"十三五"环境与健康工作规划》。2019年6月，《国务院关于实施健康中国行动的意见》出台，提出"建立环境与健康的调查、监测和风险评估制度"。为规范新化学物质环境管理登记行为，科学、有效评估和管控新化学物质环境风险，聚焦对环境和健康可能造成较大风险的新化学物质，保护生态环境，保障公众健康，2020年4月，生态环境部发布的《新化学物质环境管理登记办法》第十六条要求，办理简易登记的申请人应当一并提交其已经掌握的新化学物质环境与健康危害特性和环境风险的其他信息；其第三十六条要求，办理新化学物质环境管理备案的申请人，应当一并提交其已经掌握的新化学物质环境与健康危害特性和环境风险的其他信息。

---

① 国务院．"十三五"生态环境保护规划[EB/OL].（2016-11-24）[2022-08-13]. http://www.moe.gov.cn/jyb_sy/sy_gwywj/201612/t20161206_290964.html.

从环境与健康监测、调查和风险评估制度的发展历程来看,这一制度在环境法中的地位刚刚确立,相关规定还比较笼统,与之相配套的措施还没有建立。同时,我国环境与健康科学研究起步较晚,能够提供的科技支撑能力非常有限。

(四) 预防性环境行政管理法律制度法律地位边缘化

我国虽然意识到防患于未然的重要性,也在 2014 年 4 月修订的《环境保护法》中明确提出环境保护坚持"保护优先、预防为主"的原则,并规定了大量的预防性环境行政管理法律制度,为环境保护设定了首道关卡,但是,预防性环境行政管理法律制度始终处于我国环境法律制度体系的边缘地位,严重制约了这类制度有效性的发挥。在我国环境法律制度体系中,不管是环境规划制度、环境影响评价制度、环境风险评估制度、环境与健康风险评估制度、农村环境综合整治制度、区域限批制度、污染物排放总量控制制度,还是生态保护红线制度、自然保护区制度,这些制度都没有在环境保护单行法中处于中心地位,在总的环境法律制度体系中更处于边缘地位。比如,"《海洋环境保护法》第三条规定:'国家建立并实施重点海域排污总量控制制度,确定主要污染物排海总量控制指标,并对主要污染源分配排放控制数量。'如果说该规定宣布了重点海域排污总量控制制度的建立,那么在由 98 个条款构成的《海洋环境保护法》中,只有第十条对第三条的宣示作出了回应。该条要求国家和地方在制定水污染物排放标准时把主要污染物排海总量控制指标作为依据。这也就是说,我国立法机关颁布的以海洋污染防治为核心的《海洋环境保护法》主要是由其他制度支撑起来的,即主要是由'重点海域排污总量控制制度'之外的制度构成的。"①

三、补救型环境行政管理法律制度缺陷分析

环境问题出现后,为避免环境质量进一步恶化,国家就需要对环境损害进行补救。现行环境法规定的补救型制度主要有两大类:一类是对某一区域环境损害进行整体性补救,如环境质量限期达标制度、农村环境综

---

① 徐祥民.论我国环境法中的总行为控制制度[J].法学,2015(12):29-38.

合整治制度等；另一类是对具体的环境损害进行补救，如限期治理制度、污染集中控制制度、污染事故报告制度、生态修复制度等。目前，我国补救型环境行政管理法律制度还存在一些亟需弥补的缺陷。

（一）环境质量限期达标制度适用领域狭窄

我国现行《环境保护法》第二十八条规定了环境质量限期达标制度，提出"地方各级人民政府应当根据环境保护目标和治理任务，采取有效措施，改善环境质量。未达到国家环境质量标准的重点区域、流域的有关地方人民政府，应当制定限期达标规划，并采取措施按期达标"。根据环境法的这一规定，不管是环境污染和其他公害防治，还是生态保护，只要达不到预定的环境质量标准的，都应当限期达标。2015年8月修订的《大气污染防治法》细化了大气环境质量限期达标制度的内容。其第十四条规定："未达到国家大气环境质量标准城市的人民政府应当及时编制大气环境质量限期达标规划，采取措施，按照国务院或者省级人民政府规定的期限达到大气环境质量标准。编制城市大气环境质量限期达标规划，应当征求有关行业协会、企业事业单位、专家和公众等方面的意见。"其第十五条规定："城市大气环境质量限期达标规划应当向社会公开。直辖市和设区的市的大气环境质量限期达标规划应当报国务院环境保护主管部门备案。"其第十六条规定："城市人民政府每年在向本级人民代表大会或者其常务委员会报告环境状况和环境保护目标完成情况时，应当报告大气环境质量限期达标规划执行情况，并向社会公开。"2016年11月，国务院办公厅印发的《控制污染物排放许可制实施方案》提出，要建立健全企事业单位污染物排放总量控制制度；对于环境质量不达标的地区，要求通过提高排放标准或者加严许可排放量等措施，对企事业单位实施更为严格的污染物排放总量控制，推动改善环境质量；要求合理确定排污许可内容，"地方政府制定的环境质量限期达标规划、重污染天气应对措施中对企事业单位有更加严格的排放控制要求的，应当在排污许可证中予以明确"。[①] 2017年6月修订后的《水污染防治法》增加了水环境质量限期达标规划执

---

① 国务院办公厅.控制污染物排放许可制实施方案[EB/OL].（2016-11-10）[2022-08-18]. http://www.gov.cn/zhengce/content/2016-11/21/content_5135510.htm.

行的要求。其第十八条规定:"市、县级人民政府每年在向本级人民代表大会或者其常务委员会报告环境状况和环境保护目标完成情况时,应当报告水环境质量限期达标规划执行情况,并向社会公开。"2018年1月发布的《排污许可管理办法(试行)》具体规定了环境质量限期达标规划与重点污染物排放总量控制指标的衔接措施。

从我国环境质量限期达标制度的发展脉络和我国现行法律规定可以看出,目前,环境质量限期达标制度还处于发展完善的过程中,还存在下列缺陷:第一,环境质量限期达标制度只适用于污染防治领域,并没有延伸到自然资源保护、生态保护等领域。土地破坏、森林破坏、草原破坏、湿地破坏、野生生物损失等均不适用限期达标制度,这大大限制了该项制度的适用领域,影响到制度实施的效果。第二,环境质量限期达标制度只适用于大气污染防治、水污染防治领域,还没有延伸到土壤污染防治、环境噪声污染防治、放射性污染防治等领域。与此同时,现有的法律文件仅要求地方政府制定、公布、备案限期达标规划、公开限期达标规划执行情况,尚缺少明确的、具体的配套措施。

(二)农村环境综合整治制度不完善

从地域范围上来看,农村占据了我国国土的大部分面积,由此决定了农村环境质量的改善对我国整体环境质量的改善起到至关重要的作用。从农村环境质量的现状来看,垃圾围村、垃圾围坝、畜禽养殖污染、农业面源污染、生态破坏、水土流失、土壤沙漠化和荒漠化等环境问题非常严峻,我国农村环境迫切需要进行综合整治。

我国政府重视农村环境保护,对农村环境综合整治的实践活动开始较早。2003年3月,国家环境保护总局印发的《关于开展生态环境监察试点工作的通知》要求,各省、自治区、直辖市选择10%左右的环境监察力量较强、工作基础较好的市、县,开展农村环境综合整治试点。2006年10月实施的《全国生态保护"十一五"规划》要求开展农村环境综合整治,并提出了"村庄环境综合整治率大于20%"[①]的预期目标。此后出台的《国家环

---

① 国家环境保护总局.全国生态保护"十一五"规划[EB/OL].(2006-10-13)[2022-08-16]. http://www.mee.gov.cn/gkml/zj/wj/200910/t20091022_172417.htm.

境保护"十二五"规划》《国家环境保护"十三五"生态环境保护规划》都提出了农村环境综合整治的目标要求。2006年10月国家环境保护总局印发的《国家农村小康环保行动计划》提出:"以土壤污染和畜禽养殖污染防治为重点,强化农村环境综合整治,坚持因地制宜、重点突破,以试点示范为先导,用15年左右的时间,基本解决农村'脏、乱、差'问题,有效遏制农村环境污染加剧趋势,改善农村生活与生产环境。"①2014年5月印发的《国务院办公厅关于改善农村人居环境的指导意见》提出,加快农村环境综合整治,重点治理农村垃圾和污水。2015年5月,农业部、国家发展改革委等8部委联合印发的《全国农业可持续发展规划(2015—2030年)》提出,实施农村环境综合整治项目,采取连片整治的推进方式,综合治理农村环境。2018年1月实施的《中共中央 国务院关于实施乡村振兴战略的意见》提出,"持续改善农村人居环境。实施农村人居环境整治三年行动计划,以农村垃圾、污水治理和村容村貌提升为主攻方向,整合各种资源,强化各种举措,稳步有序推进农村人居环境突出问题治理"②,通过深入推进农村环境综合整治,持续推进宜居宜业的美丽乡村建设。

在开展农村环境综合整治实践的同时,农村环境综合整治法制建设也逐渐开展起来。2011年10月,《国务院关于加强环境保护重点工作的意见》提出,实行农村环境综合整治目标责任制。2014年4月修订的《环境保护法》第二十三条规定了农村环境综合整治制度,明确各级人民政府应当加强对农业环境的保护,促进农业环境保护新技术的使用;加强对农业污染源的监测预警,统筹有关部门采取措施,防治土壤污染和土地沙化、盐渍化、贫瘠化、石漠化、地面沉降以及防治植被破坏、水土流失、水体富营养化、水源枯竭、种源灭绝等,推广植物病虫害的综合防治。县级、乡级人民政府应当提高农村环境保护公共服务水平,推动农村环境综合整治。这标志着农村环境综合整治制度法律地位的确立。

从现行法律的规定来看,除了《环境保护法》明确了农村环境综合整

---

① 国家环境保护总局.国家农村小康环保行动计划[EB/OL].(2016-10-11)[2022-08-16]. http://www.mee.gov.cn/gkml/zj/wj/200910/t20091022_172416.htm.
② 中共中央,国务院.中共中央 国务院关于实施乡村振兴战略的意见[EB/OL].(2018-01-02) [2022-08-25]. http://www.gov.cn/zhengce/2018-02/04/content_5263807.htm.

治制度的法律地位,我国的其他法律,尤其是环境保护单行法律都没有对农村环境综合整治制度作出规定,这也导致了这项制度的具体内容很不明确、保障措施也非常缺失。应该说,在我国农村环境质量状况并不乐观的现实背景下,加强农村环境综合整治制度建设,将农村环境综合整治实践活动中取得的经验上升为法律的规定,对于农村环境保护具有重要的现实意义。

四、监管型环境行政管理法律制度漏洞分析

一般认为,环境问题产生的原因主要有两个:一是政府的环境行政管理行为运行不当;二是传统的经济发展模式具有不可持续性。事实上,就我国而言,因为经济发展的政策方针是政府制定和实施的,经济发展模式、方向是政府通过宏观调控政策进行引导的,由此决定了经济发展模式也与政府管理行为密切关联。可以看得出,我国政府始终处于环境保护的核心地位,政府环境保护职责履行得好与不好,对环境治理效果的影响非常大。由是观之,我国的环境问题在很大程度上是政府的环境行政管理问题,且政府在环境保护中的决策失误和履职懈怠是环境问题发生的重要原因。

(一)环境保护督察制度、生态审计制度、环境约谈制度亟待法治化

环境保护督察制度、生态审计制度、环境约谈制度都是我国环境保护过程中正在探索使用的环境行政监管制度,同时也都是《环境保护法》及环境保护单行法未予以确认的制度。也就是说,这些环境行政监管制度在我国在环境保护法律体系中仅获得了《环境保护督察方案(试行)》《中央生态环境保护督察工作规定》等位阶较低的规范性文件的支持,尚缺少位阶较高的法律依据。

(二)环境保护目标责任制和考核评价制度不完善

环境保护目标责任制和考核评价制度设置的目的是运用目标化、定量化、制度化、考核化的管理方法,推动环境保工作的层层分解落实,以压实地方政府环境保护责任,完成既定的环境保护目标。可以肯定的是,这种自上而下实施的压力机制,对于促使地方政府重视环境保护具有重要作用。然

而，在具体实施过程中，环境保护目标责任制和考核评价制度有时被"灵活化"地处理了，导致了这一制度的实施效果大打折扣。这种现象之所以发生，与环境保护目标责任制和考核评价制度的不完善有很大关系。

首先，环境保护目标责任制和考核评价制度的具体内容不明确。目前，仅《环境保护法》《水污染防治法》对环境保护目标责任制和考核评价制度作出规定，且相关规定比较笼统，缺少具体的实施措施。2014年4月修订的《环境保护法》第二十六条规定："国家实行环境保护目标责任制和考核评价制度。县级以上人民政府应当将环境保护目标完成情况纳入对本级人民政府负有环境保护监督管理职责的部门及其负责人和下级人民政府及其负责人的考核内容，作为对其考核评价的重要依据。考核结果应当向社会公开。"其第二十八条规定："地方各级人民政府应当根据环境保护目标和治理任务采取有效措施改善环境质量。"2017年6月第二次修正的《水污染防治法》第六条规定："国家实行水环境保护目标责任制和考核评价制度，将水环境保护目标完成情况作为对地方人民政府及其负责人考核评价的内容。"环境保护目标责任制和考核评价制度的具体内容不明确，导致制度运行的有效性就大打折扣。

其次，环境保护目标责任制和考核评价制度监督机制缺失。在对政府环境保护目标进行考核的过程中，由于权力机关内部的监督机制不完善，尚未建立多样化的环境保护目标考核监督渠道，行政机关内部缺乏必要的监督自查机制，人民代表大会对政府的监督不到位，加上外部监督机制没有建立，公众缺乏参与监督的渠道，导致考核重形式、轻结果，制度实施的效果很受影响。

最后，环境保护目标责任制和考核评价制度责任规定不完善。这表现为两个方面：一是责任主体不明确，2014年4月修订的《环境保护法》要求地方各级政府对本行政区域内的环境质量负责，但当环境问题发生时，承担责任的主体更多的是环境保护行政主管部门，政府的一把手除了在有限的范围内承担政治责任，并未被要求承担必要的法律责任；二是责任形式往往比较单一，严厉性也较差。在现实中，开展环境质量目标考核时，权力机关往往仅仅以行政处分的形式限定责任内容，甚至以评优定级、奖惩等方式代替地方政府环境保护法律责任的承担。

五、技术性环境行政管理法律制度问题分析

环境标准制度、环境监测制度是两类重要的技术性环境行政管理法律制度。环境治理现代化对环境标准制度、环境监测制度提出了更高要求,但这些制度存在的突出的问题影响了应有作用的发挥。

(一)环境标准建设的科学基础不足

环境标准是制订环境保护计划、规划,以及环境保护主管部门依法行政的重要依据,对改善环境质量、减少污染物排放、推动环境保护科技进步和维护人民群众身体健康具有重要意义。截至 2017 年 5 月,我国累计发布国家环境标准 2 038 项,其中实施中的环境标准有 1 753 项,形成了两级五类①的环保标准体系,覆盖了空气、水、土壤、声与振动、核与辐射等主要环境要素。②

环境标准制度建设的基础数据支撑不足、技术方法不全面问题突出。环境标准制度建设需要科学的、大量的、全面的基础数据作为基础和支撑。但是,受制于"实地调研不够充分,数据收集不够全面,同时环境质量日常监测、监督性执法监测数据,以及相关科研项目积累的成果等数据共享程度不够"③,一些环境标准制度建设缺乏所需的基础数据。与此同时,"对于基础数据如何在污染物筛选、限值确定、达标判定以及达标率测算中应用,缺乏系统的方法学总结与提炼。在污染物排放(控制)标准制修订方面,对达标技术的评估、标准实施经济成本及环境效益预测分析的科学支撑不足。在环境监测类标准制修订方面,重实验室分析,轻样品采样、保存、干扰消除以及前处理方法研究的现象较为突出,导致环境监测类标准与环境质量标准、污染物排放标准配套实施的适用性不强"。③环境标准实施经济成本评估方法、区域及流域环境标准制修订方法等研究滞后。环境"质量标准和污染物排放(控制)标准中有关达标排放量核算、达

---

① 两级指的是国家级标准和地方级标准,五类指的是环境质量标准、污染物排放(控制)标准、环境监测类标准、环境管理规范类标准和环境基础类标准。
② 环境保护部.环境保护部介绍《国家环境保护标准"十三五"发展规划》情况[EB/OL].(2017-05-24)[2022-08-25].http://www.gov.cn/xinwen/2017-05/24/content_5196341.htm.
③ 环境保护部.国家环境保护标准"十三五"发展规划[EB/OL].(2017-04-10)[2022-08-25].http://www.mee.gov.cn/gkml/hbb/bwj/201704/t20170414_411566.htm.

标判定、监测频次等方面的技术内容尚不全面,不能完全满足排污许可管理的要求"①。

(二) 环境质量标准制度不完善

环境监测是环境监测机构对环境质量状况进行动态监视和测定,以确定环境污染状况和生态系统健康状态的活动。环境监测是对环境进行科学管理的基础,是环境执法的基本依据,是开展环境保护工作必不可少的一项基础性工作。"环境质量标准的核心功能在于为环境质量状况提供比对依据,与援引环境质量标准的法律规定、行政规划等要求共同发挥设定目标、考核激励、督政问责的作用。"②如果没有环境质量标准作为参照,那么环境是否已经被污染或被破坏、被污染或者被破坏的程度如何、是否能够被修复、需要被修复到什么程度等一系列重要问题都无法解决。2014年4月修订的《环境保护法》第十五条明确了环境质量标准制度的法律地位。该条款规定:"国务院环境保护主管部门制定国家环境质量标准。省、自治区、直辖市人民政府对国家环境质量标准中未作规定的项目,可以制定地方环境质量标准;对国家环境质量标准中已作规定的项目,可以制定严于国家环境质量标准的地方环境质量标准。地方环境质量标准应当报国务院环境保护主管部门备案。国家鼓励开展环境基准研究。"我国已经出台了大量的环境质量标准来落实环境法律的规定,然而,这些标准存在的一个突出问题是主要以控制环境污染为目标导向,而非以环境质量改善为导向,污染物标准限值规定明显偏高,一些污染物控制指标缺失,一些污染物控制指标设置不科学。环境质量标准制度存在的这些缺陷,使得应当建立在科学基础上的环境保护工作在不断试错的过程中颠簸推进,这不可避免地会付出一定的环境代价。

(三) 环境质量标准制度与污染物排放标准制度适用关系不明确

我国正逐步建立以环境质量目标制度为核心、以排污许可制度为基础的新型环境行政管理制度体系。"环境质量标准体现的是一个时期内

---

① 国务院."十三五"生态环境保护规划[J].环境经济,2016(ZA):10-45.
② 尤明青.论环境质量标准与环境污染侵权责任的认定[J].中国法学,2017(6):283-300.

环境质量的目标要求"①,而污染物排放标准为排污许可制度的实施奠定基础。2014年4月修订的《环境保护法》第十五条规定了环境质量标准制度,其第十六条规定了污染物排放标准制度。《水污染防治法》等其他环境保护单行法也有类似的规定。我国环境保护法律制度虽然对这两个制度都作出了规定,但是并没有明确环境质量标准制度与污染物排放标准制度之间的关系,导致两者在实践中存在一定的冲突。"国家污染物排放标准是最基本的排放控制要求,环境影响评价重点分析企业建成后污染物排放对周边环境质量的影响,在企业通过环境影响评价审批实际运行后,环境保护行政主管部门应以环境影响评价批复中的污染物排放控制要求为依据进行监管执法,但一些地方执法监管往往又依据污染物排放标准,导致环境影响评价结论与要求没有发挥应有作用。"②

(四)环境标准制度、环境与健康风险评估制度间关系亟须理顺

环境与健康风险评估制度是风险预防的重要制度措施,也是目前世界上广泛采用的制度,代表了我国环境行政管理的发展方向。我国环境标准制度同环境与健康风险评估制度衔接不畅主要表现为现有的环境标准没有体现环境与健康风险控制的基本功能。我国已实施的1750余项现行的环境标准既不是围绕保障公共健康这个目标来设计的,也未将许多与人体健康有关的重要指标纳入其中。③

(五)环境监测制度不完善

环境监测往往涉及多级地方政府和多个部门。不同地方政府、不同行政部门间监测职权交叉、监测标准不一、数据质量参差不齐,既严重浪费了行政资源,也造成监测数据的人为浪费。具体而言,我国环境监测制度的不完善性主要表现为:首先,环境监测数据信息分割存储。在现行环境保护管理体制下,环保、国土、水利、建设、农林、渔业、交通、卫生等众多行政部门都有环境监测的业务需求,也都从本部门的业务特点

---

① 冯波.制定与实施环境质量标准的相关问题[J].环境保护,2012(7):58-61.
② 裴晓菲,贾蕾,侯东林,等.关于国家污染物排放标准若干问题的思考[J].环境保护,2018(20):7-9.
③ 吕忠梅,杨诗鸣.控制环境与健康风险:美国环境标准制度功能借鉴[J].中国环境管理,2017(1):52-58.

开展环境监测,形成并各自掌握环境监测数据,造成环境监测数据信息分割存储。其次,环境监测标准不统一。不同行政部门在环境样品采集、保存、预处理、分析方法与过程、评价要求等方面遵循不同的技术规范,导致环境监测数据标准不统一。最后,环境监测数据信息缺乏整合。不同的行政部门采集的环境信息大都存储在本部门内部,数据资源一般不与其他行政部门共享,导致信息采集的重复、冗余,以及信息资源的沉淀与浪费。①

第四节 环境行政管理法律制度的完善建议

环境行政管理法律制度一直以来都是我国环境法律制度建设的重心,在环境保护过程中发挥着无可替代的作用。在环境治理现代化的背景下,充分发挥环境行政管理法律制度的作用,需要深入落实生态文明理念,深入反映环境行政管理法律制度的核心价值追求,根据环境保护的现实需要来弥补现有法律制度存在的漏洞,推进制度建设的科学性、协调性、完善性、有效性。

一、构建适当的环境行政管理体制机制

2014年4月修订的《环境保护法》第十条规定:"国务院环境保护主管部门,对全国环境保护工作实施统一监督管理;县级以上地方人民政府环境保护主管部门,对本行政区域环境保护工作实施统一监督管理。县级以上人民政府有关部门和军队环境保护部门,依照有关法律的规定对资源保护和污染防治等环境保护工作实施监督管理。"在环境保护工作开展过程中,地方人民政府的环境保护主管部门即便想严格依法履行职责,也面临极大的现实困难。因为"在纵向关系上,地方政府对环境质量的主体责任缺乏监督,重发展轻环保的问题比较普遍,地方保护主义、有法不依、

---

① 吕忠梅,周健民,李原园,等. 为改善水环境质量立良法:《水污染防治法(修正案草案)》专家研讨[J]. 中国环境管理,2017(3):9-14.

执法不严、违法不究等现象严重";"在横向关系上,分散在各部门的环保职责一直不能得到很好落实,环保职能与发展职能之间存在内在冲突,缺乏统一指导、协调机制"①。

(一)统筹协调环境保护大部制改革与环境行政垂直管理改革间的关系

环境保护大部制改革与环境行政垂直管理改革符合我国环境保护事业发展的大趋势,也在一定程度上解决了环境行政权力交叉和无序的问题。但是,环境保护大部制改革与环境行政垂直管理改革同步进行,又不可避免地会产生一定的矛盾。为了解决两者之间的冲突,改革需要坚持有先有后的原则,可以先行完成环境保护大部制改革,把环境行政管理职权集中于一个行政部门,在此基础上,再循序渐进地开展环境行政垂直管理改革。为了强化环境保护机关对地方政府环境保护工作的监督作用,国家可以考虑将地方环境保护机关的监测监察执法职能独立出来,组建隶属于中央环境保护部门、独立于地方环境保护部门的环境保护监测监察执法机构,实行上下级垂直管理的模式,以加强对地方政府环境保护工作的监督。

(二)妥善解决环境行政执法体制改革与环境法规定的冲突

加强环境执法的效果,解决因环境行政执法体制改革所造成的法律困境,需要理清县级人民政府环境保护主管部门的行政主体资格。《关于省以下环保机构监测监察执法垂直管理制度改革试点工作的指导意见》并没有取消省级、地市级环境保护行政主管部门所具有的独立行政主体资格,但是县级人民政府的环境保护主管部门被调整为地市级环境保护行政主管部门的派出机构后,根据2014年4月修订的《环境保护法》,其所具有的独立行政主体资格消失。在这种情况下,县级人民政府的环境保护主管部门在执法过程中只能以地市级环境保护行政主管部门的名义行使环境执法权。县级人民政府的环境保护主管部门以地市级环境保护行政主管部门的名义行使环境执法权,有助于加强地市级政府对县级政府环境行为的监督,强化对县域范围内环境违法行为的现场检查、行政处

---

① 陈海嵩.生态文明体制改革的环境法思考[J].中国地质大学学报(社会科学版),2018(2):65-75.

罚、行政强制,从而实现环境行政执法体制改革的主要目的。在这种情况下,国家立法机关下一步需要不断总结试点地区的经验做法,在未来对环境保护法律条文的修订过程中,完善相关法律规定。

(三) 促进跨行政区域环境管理协调机制完善

环境具有的整体性、系统性等特征,决定了环境问题的影响范围往往会超出某一地方政府的行政区域范围。对于跨行政区域的环境问题而言,加强地方政府间环境污染和生态破坏联防联控协调机制建设,建立完善的协调解决机制非常重要。一方面,国家应当加强跨行政区域环境管理协调机制顶层设计,可以考虑由国务院环境保护行政机关设立跨省域的联防联控协调机构,由省级环境保护行政机关设立跨地市的联防联控协调机构,对跨行政区域的环境治理实行统一规划、统一标准、统一监测、统一防治措施,并赋予这类机构解决跨行政区域环境问题的调解权、裁决权,解决地方政府间因跨行政区域环境责任主体不明确产生的矛盾;另一方面,在继续鼓励地方政府建立灵活协商机制的同时,国家通过区域限批制度加强对地方政府的负向激励,倒逼跨行政区域环境问题所涉政府采取积极的环境治理措施来加强环境保护。

(四) 均衡分配中央政府与地方政府的环境行政权责

"中央政府的目标函数是通过制定政策实施宏观管理,实现整体公共资源的有效配置和社会福利效用的最大化,而地方政府则负责具体的实施工作,实现地方利益的最大化。"[①]在维护中央政府权威性和最终裁量权的基础上,为促使地方政府既有意愿开展环境治理,又有能力开展环境治理,国家就需要对不均衡的中央和地方环境行政权责进行调整。一方面,国家需要明晰中央与地方政府各自的环境治理事权范围,"明确中央承担中央事权的支出责任,地方承担地方事权的支出责任,中央和地方按规定分担共同事权的支出责任";另一方面,由于"财权和事权是'一体两面'的关系,故而财政的规模制约着事权的边界",需要落实《环境保护法》关于生态保护地区的财政转移支付的要求和农村环境治理财政预算的要求,合理分配环境治理资源尤其是需要合理配置财权,实现"财力与事权相匹

---

① 陈天祥. 新公共管理:政府再造的理论与实践[M]. 北京:中国人民大学出版社,2007:54.

配",国家"应通过规范的转移支付制度充实财力、落实法定事权","建构权能一致、权责明晰,建设负责任、有能力、敢担当的政府"①。具体而言,国家应当加强环境保护财政资金的发放与监督,加大中央政府的环境治理财政转移支付力度,通过"财力性转移支付、专项转移支付、税收返还以及体制补助"②等方式,协助地方政府提升环境治理能力,开展环境保护工作,"削弱地方政府寻找预算外资金或依赖排污收费的动机"③。

二、构建完善的预防性环境行政管理法律制度

完善的预防性环境行政管理法律制度建设为其实施的有效性奠定基础。"在当代世界,当社会变得越来越复杂时,越来越多的问题需要科学来解决。只有尊重科学逻辑,政府才有可能意识到权力的局限性,才能使用科学知识来预防危机,用科学知识来对付危机"④的情况下,国家应当以科学知识为指引,以提升环境行政效率为抓手,以维护生态安全与健康、实现环境秩序为根本目的,完善预防性环境行政管理法律制度。为了牢固筑立环境保护的第一道关卡,国家应当确立预防性环境行政管理法律制度的核心地位,切实解决制度被边缘化问题。为了落实环境安全与健康的理念,避免因环境损害威胁到人体健康,国家需要完善环境与健康预防性环境行政管理法律制度。

(一)增强环境规划制度的科学性

环境规划应当尊重科学,服从环境容量、环境承载力为环境开发利用所设定的天然限度,根据环境的容量和环境承载力合理分配排污指标、环境开发利用指标,将所有主体的环境行为严格控制在环境所容许的范围以内;同时,应当根据环境质量的现实状况,以及未来一定时期内预期要实现的环境质量目标,科学设计环境治理年度计划目标、指标,合理指导环境保护行为。

---

① 刘剑文,侯卓.事权划分法治化的中国路径[J].中国社会科学,2017(2):102-122.
② 马波.论政府环境保护责任实现的激励机制构建[J].西部法学评论,2015(1):9-17.
③ 张凌云,齐晔.地方环境监管困境解释:政治激励与财政约束假说[J].中国行政管理,2010(3):93-97.
④ 郑永年.何时能见到一个科学生活的中国?[EB/OL].(2020-01-28)[2022-08-15].https://zhuanlan.zhihu.com/p/104237712.

（二）增强污染物排放总量控制制度的科学性

污染物排放总量控制制度的科学性提升有助于增强这一制度的实施效果。为此，国家应当以维护环境秩序、保障生态安全与健康这些理念为指导，在持续开展环境监测并完整地掌握可靠的环境数据的基础上，在持续进行环境与健康风险评估的基础上，基于环境容量和环境承载力科学确定需要控制的污染物的排放种类，避免因重点污染物排放种类不够丰富而导致环境损害的发生。与此同时，国家应当建立污染物排放总量控制动态调整机制，根据一定地域、流域、海域环境保护的现实需要，定期增加或者减少总量控制范围内的污染物种类。

（三）促进环境与健康监测、调查和风险评估制度完善

长期以来，我国的环境保护工作偏重维护环境秩序，在一定程度上忽视了环境与健康关系的研究。随着非典型性肺炎、新型冠状病毒感染等突发性环境事件的不断出现，国家越来越意识到环境安全对人体健康的影响，开始加强环境与健康法律制度建设。完善环境与健康监测、调查和风险评估制度，应当坚持以人为本的理念，关注生态系统的完整性和整体健康性，细化制度的具体内容和保障措施。具体而言，首先，国家应当科学构建环境与健康监测、调查和风险评估制度体系，建立环境与健康综合规划制度、环境与健康评价标准制度、环境与健康调查监测制度、危险因子风险评价制度、新技术和新物质的环境与健康评价制度、规划和建设项目的健康影响评价制度、环境与健康基础调查与详细调查制度、特定地区环境流行病学调查制度、环境与健康信息的收集管理制度、环境与健康信息的公开制度、儿童等特殊人群的特殊保护制度、环境与健康突发事件的应对制度、环境与健康损害法律责任制度。其次，国家应当加强环境行政主管部门与卫生主管行政部门合作机制建设，推动联合开展环境与健康调查工作，在国家环境监测体系中建立环境与健康综合监测与信息共享平台，将环境与健康风险纳入环境影响评价的范围，建立环境与风险健康事件公共应急预警机制，加强环境与健康风险管理的宣传教育和培训工作，推进政府与企业环境信息公开，完善公众参与制度。最后，国家应当建立社会力量参与环境与健康问题科学研究的体制机制，加大对环境科技创新的支持力度，鼓励社会力量开展环境与健康问题的跨学科、跨部

门、跨地域研究,鼓励社会力量联合建立协同创新平台。①

(四) 确立预防性环境行政管理法律制度的核心地位

从环境污染和生态破坏的防治方式来看,"最好的环境政策坚持'与其事后来消除污染和损害的后果,不如事先防止其产生'"②。预防原则强调在预测人为活动可能对环境产生或者增加不良影响的前提下,事先采取防范措施,防止环境问题的产生,其超越了传统法律以损害救济为目的秩序法模式,将视域扩展到未来,富有前瞻性,具有"环境法的最特殊特征"③。正如有的学者指出的,近些年"环境保护上的预防保育观念被提出,环境政策所要求的不仅限于排除对环境具有威胁性的危害或已产生之损害,而是更进一步,积极地于一定之危险性产生之前即应去阻止其对环境之危害性产生,并持续地致力于基本自然生态之保护及美化。"③

预防原则的重要性决定了国家必须从宏观和微观两个方面确立预防性环境行政管理法律制度在环境法中的核心地位,实现防患于未然。首先,国家应确立环境规划制度、污染物排放总量控制制度、规划项目环境影响评价制度、环境风险评估制度、环境与健康风险评估制度、区域限批制度、生态保护红线制度、自然保护区制度等宏观性法律制度的统摄性地位,从全局上为环境保护构筑第一道防线。其次,国家应确立建设项目环境影响评价制度,"三同时"制度,污染物排放许可制度,落后工艺、设备和产品淘汰制度,自然资源开发利用许可制度,以及生活垃圾分类管理制度等微观性法律制度的法律地位,在微观层面上为环境保护设定第一道关卡。

三、加强环境行政管理法律制度建设

当预防性环境行政法律制度没能发挥第一道防线作用时,补救型环境行政管理法律制度就有了适用的舞台。补救型环境行政管理法律制度

---

① 吕忠梅.环境与健康保护:以《环境保护法》为起点[J].中国法律,2014(4):63-68.
② A.C.基斯,文伯屏.解决环境问题的法律措施[J].国外法学,1984(1):50-54.
③ 陈慈阳.环境永续过程中之法制缺漏与新制度之建构:以环境救济法典之建构为任务[J].清华法治论衡,2012(2):14-37.

重构需要适应环境治理现代化的要求,坚持环境分配正义的理念,以维护环境秩序为终极目的,完善制度内容。

(一)加强环境质量限期达标制度建设

首先,国家应将环境质量限期达标制度从污染防治领域延伸应用到自然资源保护、生态保护等领域,满足全部环境要素保护的要求。《环境保护法》要求地方政府对所辖行政区域的环境质量负责,这里所说的环境质量指的是大气、水、海洋、土地、矿藏、森林、草原、湿地、野生生物、自然遗迹、人文遗迹、自然保护区、风景名胜区、城市和乡村等环境要素的环境素质的优劣程度。地方政府如果仅承担环境污染限期治理达标的义务,实际上降低了地方政府的环境保护职责。其次,国家应拓展这一制度的法律适用空间,在《土壤污染防治法》《环境噪声污染防治法》《放射性污染防治法》等法律中明确环境质量限期达标制度的法律地位。最后,国家应加强环境质量限期达标制度的配套实施措施建设,加强与其他制度的协调,明确环境质量限期达标制度的适用条件、启动程序、实施方案、监管措施、责任追究;加强与区域限批制度的衔接,暂停审批未达标地区新增项目的环境影响评价文件;加强与总量控制制度、许可制度的衔接,将环境质量限期达标程度作为地区总量控制指标分配、许可证发放的依据。

(二)加强农村环境综合整治制度建设

农村环境治理是我国环境治理现代化的最薄弱环节。可以毫不夸张地说,我国的环境法律制度主要是以城市为中心构建起来的,农村环境受环境法保护的力度非常有限。解决当前农村环境"无人来管、无力来管、无钱来管"的现状,需要完善农村环境综合整治制度,细化制度的具体内容,完善制度的保障措施。具体而言,国家应建立"政府主导、农民主体、环保牵头、部门协同、联合推进"①的农村环境综合整治工作机制,加强环保、建设、农业、林业、水利、卫生等相关部门协调合作;建立农村环境综合整治规划制度,明确五年规划目标和年度计划目标;加强上级政府、本级人民代表大会对政府环境综合整治过程和结果的监督,建立农村环境综

---

① 习近平.决胜全面建成小康社会 夺取新时代中国特色社会主义伟大胜利:在中国共产党第十九次全国代表大会上的报告[N].人民日报,2017-10-28(001).

合整治目标责任制,建立农村环境质量限期达标制度;完善农村环境综合整治投入机制,设立农村环境综合整治专项整治资金,确保资金来源稳定;加强环境保护主管部门建设,完善农村环境保护派出机构设置,发挥农村环境保护派出机构的监管作用。①

四、加强监管型环境行政法律制度建设

为了压实政府的环境保护职责,提升政府的环境保护工作水平,促进环境治理现代化的深入发展,我国需要强化政府对环境保护职责的监管。

(一)明确环境保护督察制度、生态审计制度、环境约谈制度的法律地位

为了保障环境保护督察制度、生态审计制度、环境约谈制度实施的连贯性和有效性,国家就需要明确这些制度的法律地位。首先,国家应将环境保护督察制度、生态审计制度、环境约谈制度纳入法律制度的范畴,促进制度的标准化、规范化、法治化;明确制度的基本框架,监管主体的权限和责任、监管对象的范围和责任,确立监管的启动程序、监管方式、处理程序,明确监管结果的反馈形式、公开形式等具体内容,构建权责明确、机构法定、程序规范、监管科学、体系完整的监管型环境行政管理制度体系。其次,国家应依法常态化实施环境保护督察制度、生态审计制度、环境约谈制度;在完善监管型环境行政管理法律制度的基础上,通过依法实施环境保护督察制度、生态审计制度、环境约谈制度,实现监管的常态化,提升环境监管效能。

(二)加强环境保护目标责任制和考核评价制度建设

在环境保护过程中,只有明确地方政府环境保护的具体目标,并通过一定的压力传导机制对目标的实现与否进行考核评价,国家才能压实地方政府环境保护责任,充分调动地方政府环境保护的积极性。首先,国家应制定环境保护目标责任制和考核评价制度实施细则,如明确一定时期内可量化考核的环境保护目标,确定环境保护目标责任书的标准格式、具

---

① 王波,王夏晖,张惠远,等.关于构建我国农村环境综合整治考核评价制度的初步构想[C].中国环境科学学会 2009 年学术年会论文集:第三卷.北京:北京航空航天大学出版社,2009:5.

体内容、实施方案;明确环境保护目标考核评价的基本原则、考核主体、考核对象、考核内容、考核指标、考核方式、考核评分规则、考核程序等;确立政府环境保护目标年度考核与政府任期考核相结合的考核机制。其次,国家应健全环境保护目标责任制和考核评价制度监督机制,如建立多样化的环境保护目标考核监督渠道,增强考核评价的透明性;建立自查与督察相结合的环境保护目标考核机制;严格落实考核评价制度实施细则,加强上级政府对下级政府的环境保护目标考核;加强全国人民代表大会和地方各级人民代表大会对于政府环境保护目标责任制的监督,采取暗访、突击抽查、听取汇报、实地考察、质询等形式强化全国人民代表大会和地方各级人民代表大会对政府环境保护目标分解落实情况的监督检查;完善公众参与机制,选取一定数量的公众代表参与政府环境保护目标年度考核与政府任期考核评价,加强对政府的外部监督。最后,国家应完善环境保护目标责任制和考核评价制度责任内容,明确责任主体和责任形式,严格落实生态环境损害责任追究制度,建立政治责任与法律责任密切衔接机制。

五、构建科学合理的技术性环境行政管理法律制度

环境标准是依法开展环境保护工作的技术依据,是实现污染物减排、改善环境质量、防范环境风险等环境行政管理目标的重要手段。随着我国环境治理现代化的深入发展,我国环境行政管理工作开始从以控制环境污染为目标导向转变为以改善环境质量为目标导向。为适应这种转变,环境标准制度应当以环境秩序理念为指导并作出相应调整。

(一)增强环境标准制度建设的科学性

完备的环境基础数据和科学的技术方法是环境标准制度建设的前提。国家应制定环境基础数据发展规划,加大财政投入力度,加强环境标准科研能力建设,加强数据实际调研与监测,推动企事业单位、科研院所、高校等参与数据建设;应当完善产学研、行政机关内部等环境基础数据共享制度建设,扩大数据共享范围,提高数据共享程度;应当完善环境标准制定的技术方法,加强环境标准实施经济成本评估方法、区域及流域环境标准制修订方法等研究,完善环境质量标准和污染物排放标准中的达标

排放量核算、达标判定、监测频次等技术内容。

(二)加强环境质量标准制度建设

环境质量标准制度建设对于改善环境质量、促进环境质量目标实现具有重要意义。完善环境质量标准制度,应当建立以环境质量改善为导向的环境质量标准制度,全面推进各类环境质量标准的修订,大力收紧污染物标准限值,完善污染物控制指标建设,构建内部科学、外部协调的环境质量标准体系。

(三)厘清环境质量标准制度与污染物排放标准制度适用关系

为有效发挥环境保护监督执法的作用,防止环境影响评价弄虚作假,在建设项目已经通过环境影响评价审批且实际运行后,环境保护监督执法部门在进行监督执法时,可以对建设项目的排污行为同时采用环境质量标准和污染物排放标准进行监测,并比对分析监测结果,以最有利于环境保护的原则选择适用环境质量标准或者污染物排放标准。

(四)理顺环境标准制度、环境与健康风险评估制度间的关系

落实2014年4月修订的《环境保护法》第一条规定的"保障公众健康"这一立法目的,应当在环境标准制度中确立保障公共健康的核心价值,围绕保障公共健康这个核心来构建环境标准体系,推动环境标准制度具备环境与健康风险控制的基本功能;科学构建环境与健康风险控制指标体系,将与健康有关的重要指标纳入环境标准体系。①

(五)加强环境监测制度建设

环境监测的目的是全面反映环境质量状况和变化趋势,及时跟踪污染源变化情况,为准确预警各类环境突发事件等环境管理工作提供决策依据。为最大程度发挥各种环境监测信息资源的价值,减少环境行政监测资源的浪费,发挥环境监测数据资源的最大价值,国家应完善环境监测制度。首先,国家应建立信息共享机制,打通各部门的数据信息壁垒,实现部门间资源共享、互通有无,使各部门数据资源得到最大利用,提高政府部门协同监管能力和管理执行力。其次,政府应统一环境监测标准,推

---

① 吕忠梅,杨诗鸣.控制环境与健康风险:美国环境标准制度功能借鉴[J].中国环境管理,2017(1):52-58.

动不同行政部门在环境监测过程中遵守统一的技术规范,建立技术规范使用的沟通机制,加强监测机构间的比对监测和技术交流。最后,政府应整合各行政部门的环境监测数据资源,由中央政府牵头建立统一的、综合性的环境信息管理系统,实现跨行政部门环境监测信息的交换和共享。①

---

① 吕忠梅,周健民,李原园,等.为改善水环境质量立良法:《水污染防治法(修正案草案)》专家研讨[J].中国环境管理,2017(3):9-14.

第四章　环境市场调节法律制度建设

在市场经济条件下,良好的环境往往是一种稀缺资源。"环境保护本质上是稀缺资源的分配问题。"①而稀缺资源的分配方式主要有三种:第一种是政府进行分配;第二种是市场进行分配;第三种是社会进行分配。在环境资源分配过程中,政府具有无可比拟的优势,但是政府的垄断性和封闭性特点使得其自身具有一些无可避免的缺陷。弥补政府的缺陷主要有两种方式:一种是依靠市场,通过市场实现自然资源的有效配置;另一种是依靠社会,通过社会自治实现自然资源的合理配置。就依靠市场而言,政府需要放手发挥市场在环境公共物品配置过程中的有益作用,通过市场有效配置资源,通过合理的产权制度、合适的经济杠杆制度设计,"运用经济性工具,既给予企业充分的自主权,又能不同程度介入其决策的形成过程"②,有效发挥市场配置环境资源"低成本高效率的特点和技术革新及扩散的持续激励"③。

第一节　环境市场调节法律制度的演变特征

环境市场调节法律制度的完善程度、发达程度是环境治理现代化水平高低的重要表征。在环境公共物品供应过程中,环境市场调节法律制度具有调节环境资源流向的作用。改革开放以前,由于我国尚未确立市

---

① 叶俊荣.环境政策与法律[M].北京:中国政法大学出版社,2003:19.
② 陈琳,单宁.推进生态治理的有效路径探析[J].国家治理,2017(36):34-40.
③ 郭朝先.我国环境管制发展的新趋势[J].经济研究参考,2007(27):30-35.

场经济的理念,环境资源主要由政府垄断性供给。改革开放以后,随着我国社会主义市场经济的逐步确立和完善,市场在资源配置中的作用被日益重视,环境市场调节法律制度逐渐发展起来。当前,我国重视自然资源产权制度建设,并探索、发挥经济杠杆在环境资源配置中的作用。

一、从单一的市场调节制度到多样化的市场调节制度

在我国,排污权交易制度是最先发展起来的一种环境市场调节法律制度。早在1985年,上海市人民代表大会常务委员会通过的《上海市黄浦江上游水源保护条例》就允许黄浦江流域污染物总量控制指标有偿转让或交换。1987年,我国第一例排污权交易在上海市闵行区开展。① 1999年,原国家环保总局在南通市、本溪市开展了二氧化硫排污权交易的试点工作。2000年后,原国家环保总局出台《二氧化硫排放总量指标分配方案》《二氧化硫排污许可证管理办法》《二氧化硫排放总量控制监控实施方案》《二氧化硫排放权交易管理办法》等一系列政策,排污权交易制度发展走上快车道。② 1998年,广东省率先出台了《广东省生态公益林建设管理和效益补偿办法》,对林地生态保护补偿制度作出规定。2005年之后,浙江省、山东省、福建省、江苏省、辽宁省、陕西省、河北省、安徽省等相继出台了类似的管理规定。此后,环境保护税制度、自然资源产权制度、绿色金融制度、环境污染责任保险制度、环境污染防治基金制度等也被提出,多样化的环境市场调节制度逐步发展起来。

二、从交易性制度到环境金融制度

我国环境市场调节法律制度最初是在排污权交易制度、生态保护补偿制度等交易性制度的基础上建立起来的。随着对环境公共物品市场化的重视,以及金融市场的逐渐完善,我国开始探索并建立绿色金融制度,发挥信贷机制资源配置作用;探索并建立环境污染责任保险制度,发挥保险机构在环境保护中的作用,补救受损的环境;探索建立环境污染防治基

---

① 沈满红.水权交易制度研究:中国的案例分析[M].杭州:浙江大学出版社,2006:101-102.

② 郭朝先.我国环境管制发展的新趋势[J].经济研究参考,2007(27):30-35.

金制度,发挥基金在环境治理过程中的作用。

三、从运用货币杠杆到完善现代产权制度

不管是排污权交易制度、生态保护补偿制度、环境保护税制度,还是绿色金融制度、环境污染责任保险制度、环境污染防治基金制度,这些制度都是运用货币杠杆来优化资源配置的。但是,货币杠杆作用的发挥需要有一个前提条件,那就是明晰的自然资源产权,或者说,自然资源产权明晰是货币杠杆调节作用发挥的前提条件,影响到货币杠杆作用发挥的方向和限度。对于这一点,最初我国的认识并不深刻。在我国,自然资源属于全民所有,但我国法律并没有严格区分自然资源的占有、使用、收益、处分的关系,也没有厘清并解决宪法上的"国家所有"与民法上的"国家所有"的关系,使得自然资源资产所有权主体虚化,自然资源用益物权制度(如土地使用权、林地使用权、草地使用权、海域使用权、渔业捕捞权、渔业养殖权、采矿权、取水权、林木采伐权等制度)缺少必要的法律保障。自然资源资产管理长期以来依赖于政府行政权力的行使,通过许可、划拨、确认、收回等行政性手段实施。① 后来,在实践中我国逐渐认识到,清晰的自然资源产权有利于实现自然资源资产的合理配置,促进自然资源的整体保护和集约利用;自然资源产权模糊,开发、利用收益与保护、修复责任不对等,必然会导致环境资源的破坏性开发。2019年4月,中共中央办公厅、国务院办公厅联合印发了《关于统筹推进自然资源资产产权制度改革的指导意见》,这标志着我国自然资源资产产权制度改革的全面推开。

第二节 环境市场调节法律制度的价值取向

政府在环境公共物品供给方面发挥着至关重要的作用,但是政府是一个有限理性的主体,其能力也有限度。政府"无力找到一个机制精确地

---

① 吕忠梅,窦海阳.民法典"绿色化"与环境法典的调适[J].中外法学,2018(4):862-882.

衡量社会成本和社会收益,正确地确定资源的稀缺程度和相对价格"[1],解决此类问题,国家需要重视市场在配置资源过程中作用的发挥,确立经济效率的价值。

环境经济学中的经济效率是指运用和配置环境资源上的效率。环境经济效率是指多元市场主体通过价格机制和竞争机制争夺环境公共物品的提供权,其结果是能获得比在垄断服务下更高的生产率和更少的成本费用,从而实现市场对公共物品的优化配置。环境经济效率要求在不同的生产目的之间合理地分配与使用资源,最大限度地满足人们的各种需要。在环境资源稀缺的前提下,要实现经济效率的最大化,国家就需要对各种环境资源在不同的使用方面和方向上做出轻重缓急的选择,通过寻求一种最佳分配方式,实现社会福利最大化。

经济效率包括资源运用效率与资源配置效率两个层次。其中,资源运用效率也称生产效率,是指一个生产单位、一个区域或者一个部门如何组织并运用自己可支配的稀缺资源,使之发挥出最大作用,用既定的生产要素生产出最大量的产品;资源配置效率也称帕累托效率,是指通过在不同生产单位、不同区域或不同行业之间分配有限的经济资源而达到的效率,这种效率使每一种资源都有效地配置于最适宜的使用方面和方向上。环境法律制度范畴中的经济效率主要是指资源配置效率。[2]

环境经济效率之所以成为环境市场调节法律制度的核心价值追求,是因为"随着竞争机制的引入,非政府组织、私营企业、公共部门加入服务提供行列,使得以往政府垄断公共服务的一元格局为市场化的多元格局所取代"[1]。作为理性经济人的多元主体通过价格机制和竞争机制争夺环境公共物品的提供权,其结果是能获得比在垄断服务下更高的生产率和更少的成本费用,实现市场对环境资源的优化配置。

国家只有借助市场经济的力量,尊重市场运行机制,通过价格杠杆调

---

[1] 程样国,韩艺.西方公共服务市场化的启示与反思[J].江西社会科学,2004(4):134-137.
[2] 薛黎明,李翠平.资源与环境经济学[M].北京:冶金工业出版社,2017:125.

整环境公共物品的供给,才能最大限度地调动各方的积极性,促进环境资源的优化配置。京津冀地区开展生态保护补偿就是运用市场机制实现互利共赢的典型事例。京津冀地区水资源短缺压力巨大,成为制约地区经济社会可持续发展的主要因素之一,开展补偿协作成为必然选择。2017年6月,天津市、河北省共同签订了《关于引滦入津上下游横向生态保护补偿协议》,力图通过深化跨界流域横向生态保护补偿机制,确保水质基本稳定并持续改善。截至2018年12月,天津市累计拨付河北省补偿资金3亿元,生态保护补偿制度运行良好。2018年,滦河上游流域水质明显改善,天津市入境断面水中的高锰酸盐指数、化学需氧量、氨氮和总磷分别同比下降5.8%、12.4%、24.2%、25.2%。2020年1月,河北省政府与天津市政府签署了《关于引滦入津上下游横向生态保护补偿的协议(第二期)》,提出深化跨界流域横向生态保护补偿制度,确保水质基本稳定并持续改善。根据该第二期协议的规定,冀津两地在跨界处设置3个水质监测断面,其中黎河桥、沙河桥监测断面为跨界考核断面,淋河桥监测断面为参考断面。两个考核断面分别核算,在无断流的情况下,化学需氧量、高锰酸盐指数、氨氮、总磷4项指标年均值达到地表水Ⅲ类水质标准,且2019年、2020年和2021年月均值达到Ⅲ类水质标准的月份比例分别达到90%以上、100%和100%,年均值达到Ⅱ类水质标准;2020年、2021年总氮指标逐年降低。明确的环境治理目标,清晰的经济激励机制,在增强河北省加强滦河保护动力的同时,也让天津市获得了较大的收益,促进了环境资源的优化配置。①

第三节 环境市场调节法律制度的问题分析

在环境保护过程中,权威型的环境资源分配方式有助于实现行政效率最优化,但无法实现经济效益最大化。这是因为,政府往往无法判定环

---

① 初梓瑞,庄红韬. 京津冀跨区域生态补偿试点显成效[EB/OL]. (2018-11-01)[2022-08-15]. http://env.people.com.cn/n1/2018/1101/c1010-30377024.html.

境资源的合理价值,也无法通过强制性的干预使环境资源流向最需要的地方。因此,在环境资源分配过程中,政府应当遵循必要性原则,尊重市场在环境保护中的有益作用,通过完善立法来确立环境市场调节法律制度。与环境行政管理法律制度相比,我国环境市场调节法律制度确立时间较晚、发展较缓慢、体系还很不完善,还远远不能适应环境保护的现实需要,也远远未能满足环境治理现代化的要求。

一、自然资源资产产权制度的缺陷分析

自然资源资产产权制度是自然资源管理的核心,是加强生态保护、促进生态文明建设的基础性制度。建立归属清晰、权责明确、监管有效的自然资源资产产权制度,有助于保护产权人权益、实现自然资源合理开发利用、避免环境损害发生,对完善社会主义市场经济体制、提升环境治理现代化水平具有重要意义。长期以来,自然资源资产权属不清成为我国环境问题高发的一个重要原因。"虽然可以把产生环境问题的原因归结为市场失灵、政策失误、科学不确定性以及贸易影响等,但起决定作用的是制度安排上缺乏对环境与自然资源价值的全面认识以及权属界定不清晰。"①

近年来,我国认识到自然资源资产产权制度建设的重要性。2013年11月,党的十八届中央委员会第三次全体会议通过的《中共中央关于全面深化改革若干重大问题的决定》指出:"建设生态文明,必须建立系统完整的生态文明制度体系,用制度保护生态环境。要健全自然资源资产产权制度和用途管制制度,划定生态保护红线,实行资源有偿使用制度和生态补偿制度,改革生态环境保护管理体制";"健全自然资源资产产权制度";"对水流、森林、山岭、草原、荒地、滩涂等自然生态空间进行统一确权登记,形成归属清晰、权责明确、监管有效的自然资源资产产权制度";"健全国家自然资源资产管理体制,统一行使全民所有自然资源资产所有者职责。"②这标志着我国自然资源资产产权制度的确立。2015年4月发布的

---

① 汪劲,田秦. 绿色正义:环境的法律保护[M]. 广州:广州出版社,2007:10.
② 中共中央. 中共中央关于全面深化改革若干重大问题的决定[N]. 人民日报,2013-11-16(001).

《中共中央 国务院关于加快推进生态文明建设的意见》重申了《中共中央关于全面深化改革若干重大问题的决定》中有关自然资源资产产权制度的规定。2015年9月,中共中央、国务院印发的《生态文明体制改革总体方案》(以下简称《方案》)把健全自然资源资产产权制度列为生态文明体制改革的八项任务之首,提出到2020年构建起"归属清晰、权责明确、监管有效的自然资源资产产权制度,着力解决自然资源所有者不到位、所有权边界模糊等问题"①。同时,该《方案》细化了自然资源资产产权制度未来五年的建设目标,即建立统一的确权登记系统对水流、森林、山岭、草原、荒地、滩涂等所有自然生态空间统一进行确权登记;建立权责明确的自然资源产权体系,明确各类自然资源产权主体权利,处理好所有权与使用权的关系;健全国家自然资源资产管理体制,按照所有者和监管者分开以及一件事情由一个部门负责的原则,整合分散的全民所有自然资源资产所有者职责;探索建立分级行使所有权的体制,实行中央政府和地方政府分级代理行使所有权职责的体制;开展水流和湿地产权确权试点,分清水资源所有权、使用权及使用量。①2015年11月,国务院办公厅印发的《编制自然资源资产负债表试点方案》提出:"将自然资源资产负债表编制纳入生态文明制度体系,与资源环境生态红线管控、自然资源资产产权和用途管制、领导干部自然资源资产离任审计、生态环境损害责任追究等重大制度相衔接。"②

  2016年以后,自然资源资产产权制度建设进程明显加快。2016年3月通过的《中华人民共和国国民经济和社会发展第十三个五年规划纲要》要求:"加快构建自然资源资产产权制度,确定产权主体,创新产权实现形式。保护自然资源资产所有者权益,公平分享自然资源资产收益。"③2016年4月发布的《国务院办公厅关于健全生态保护补偿机制的意见》提

---

  ① 中共中央,国务院.生态文明体制改革总体方案[EB/OL].(2015-09-21)[2022-08-13]. http://www.gov.cn/guowuyuan/2015-09/21/content_2936327.htm.

  ② 中共中央,国务院.中共中央 国务院关于完善产权保护制度依法保护产权的意见[EB/OL].(2016-11-17)[2022-08-15]. http://www.gov.cn/zhengce/content/2016-11-17/content_10313.htm.

  ③ 全国人民代表大会.中华人民共和国国民经济和社会发展第十三个五年规划纲要[N].人民日报,2016-03-18(001).

出:"健全自然资源资产产权制度,建立统一的确权登记系统和权责明确的产权体系。"①为了加强对各种所有制经济产权的保护,2016年11月发布的《中共中央 国务院关于完善产权保护制度依法保护产权的意见》提出:"建立健全归属清晰、权责明确、监管有效的自然资源资产产权制度,完善自然资源有偿使用制度,逐步实现各类市场主体按照市场规则和市场价格依法平等使用土地等自然资源。完善农村集体产权确权和保护制度,分类建立健全集体资产清产核资、登记、保管、使用、处置制度和财务管理监督制度,规范农村产权流转交易,切实防止集体经济组织内部少数人侵占、非法处置集体资产,防止外部资本侵吞、非法控制集体资产。"②为规范自然资源统一确权登记,建立统一的确权登记系统,推进自然资源确权登记法治化,推动建立归属清晰、权责明确、监管有效的自然资源资产产权制度,2016年12月,国土资源部、中央编办、财政部、环境保护部、水利部、农业部、国家林业局联合印发了《自然资源统一确权登记办法(试行)》,细化了自然资源统一确权登记的具体内容。

2017年1月,国务院印发的《全国国土规划纲要(2016—2030年)》明确了土地资源产权制度的未来建设内容,要求"按照归属清晰、权责明确、监管有效的要求,加快完善自然资源资产产权制度,着力建立健全公益性自然资源资产国家统一管理制度,坚持和完善经营性自然资源资产有偿使用制度,对水流、森林、山岭、草原、荒地、滩涂以及探明储量的矿产资源等自然生态空间进行统一确权登记"③。2019年4月,中共中央办公厅、国务院办公厅印发的《关于统筹推进自然资源资产产权制度改革的指导意见》要求:"以完善自然资源资产产权体系为重点,以落实产权主体为关键,以调查监测和确权登记为基础,着力促进自然资源集约开发利用和生态保护修复,加强监督管理,注重改革创新,加快构建系统完备、科学规

---

① 国务院办公厅.关于健全生态保护补偿机制的意见[J].中华人民共和国国务院公报,2016(15):19-22.
② 中共中央,国务院.中共中央 国务院关于完善产权保护制度依法保护产权的意见[EB/OL].(2016-11-17)[2022-08-15]. http://www.gov.cn/zhengce/content/2016-11-17/content_10313.htm.
③ 国务院.全国国土规划纲要:2016—2030年[EB/OL].(2017-02-04)[2022-08-20]. http://www.gov.cn/zhengce/content/2017-02-04/content_5165309.htm.

范、运行高效的中国特色自然资源资产产权制度体系。"①2019年4月出台的《中共中央 国务院关于建立健全城乡融合发展体制机制和政策体系的意见》提出:"完善自然资源资产产权制度,维护参与者权益。"②

2019年6月,中共中央办公厅、国务院办公厅印发的《关于建立以国家公园为主体的自然保护地体系的指导意见》对自然保护地产权制度建设提出了新的要求。该意见规定:"创新自然资源使用制度。按照标准科学评估自然资源资产价值和资源利用的生态风险,明确自然保护地内自然资源利用方式,规范利用行为,全面实行自然资源有偿使用制度。依法界定各类自然资源资产产权主体的权利和义务,保护原住居民权益,实现各产权主体共建保护地、共享资源收益。制定自然保护地控制区经营性项目特许经营管理办法,建立健全特许经营制度,鼓励原住居民参与特许经营活动,探索自然资源所有者参与特许经营收益分配机制。对划入各类自然保护地内的集体所有土地及其附属资源,按照依法、自愿、有偿的原则,探索通过租赁、置换、赎买、合作等方式维护产权人权益,实现多元化保护。"③2020年5月发布的《中共中央 国务院关于新时代加快完善社会主义市场经济体制的意见》将健全自然资源资产产权制度作为社会主义市场经济体制建设的重点任务之一。

从自然资源资产产权制度的发展历程可以看出,这一制度目前仍处于探索过程中,还很不完善。自然资源资产产权制度建设的主要依据是行政规范性文件,该制度的基本法律地位尚未明确。

首先,自然资源所有权人虚化,产权人权责不清。虽然我国法律规定,国家所有的自然资源由国务院代表行使所有权,但国务院如何具体行使自然资源资产所有权、获得的权益性收益如何分配等都不明确。在现实生活中,开发利用所取得的收益与保护修复所承担的责任不对等而导

---

① 中共中央办公厅,国务院办公厅.关于统筹推进自然资源资产产权制度改革的指导意见[J].中华人民共和国国务院公报,2019(12):6-10.
② 中共中央,国务院.中共中央 国务院关于建立健全城乡融合发展体制机制和政策体系的意见[EB/OL].(2019-05-05)[2022-08-20].http://www.gov.cn/zhengce/2019-05/05/content_5388880.htm.
③ 中共中央办公厅,国务院办公厅.关于建立以国家公园为主体的自然保护地体系的指导意见[EB/OL].(2019-06-26)[2022-08-21].http://www.gov.cn/zhengce/2019-06/26/content_5403497.htm.

致破坏性开发、滥采滥用等现象非常突出。

其次,自然资源产权权利体系不科学,市场化程度低。自然资源产权受到较多限制,权能不够丰富,使用权关系管理僵化。例如,以家庭承包方式取得的土地承包经营权不能抵押,自留山的林地使用权不能抵押、转让,宅基地使用权仅限于在本集体经济组织内部流转等。对自然资源产权的这些限制导致自然资源产权交易不够活跃,自然资源的价值不能充分发挥,产权主体财产权益得不到有利保护。与此同时,行政权对自然资源交易的限制较多,自然资源私权交易不太充分,整体意义上的自然资源产权市场尚未真正发育起来。

最后,自然资源资产产权制度与其他制度衔接不畅。自然资源资产产权制度与总量控制制度的关系尚未理顺;自然资源资产生态保护补偿机制不太完善,在生态保护需要限制自然资源产权时,相关权利主体的补偿机制不太健全,收益分配机制不太合理。

二、环境保护经济杠杆调节制度的缺失分析

市场交易是实现自然资源优化配置的必然途径。在环境资源交易过程中,价格机制发挥着调节资源配置的基础性作用。价格的升降,促使市场主体选择环境资源的合理流向,提高环境资源配置效率。除了价格机制,基础性环境金融产品工具对环境资源配置也具有至关重要的作用。基础性环境金融产品工具通过对资金借出方向和规模的控制、资金利率的控制,引导资金流向环境保护资金缺乏部门;通过环境保险、环境基金的实施,转移环境治理过程中的市场风险,降低环境纠纷交易成本,维护环境公共利益。整体而言,我国经济杠杆调节制度起步较晚,还不够完善,制度运行不可避免地存在以下问题。

(一) 排污权交易制度不健全

排污权交易是一种以市场机制为基础的污染防治模式。"排污权交易制度是基于市场机制,以企业为主体,通过建立政府与企业之间的联系,并且充分激发各方参与治理的积极性的污染治理模式。"[①]在节约治理

---

① 张进财,曾子芙.论我国排污权交易制度的不足与完善[J].环境保护,2020(7):51-53.

成本和技术创新激励下,企业可以根据自己的需要选择技术演化路径、增加绿色产出、提高减排绩效或者决定是否减产、迁移等,通过成本收益分析来调动地方政府和企业污染治理的积极性,引导企业自主选择环境治理方式。排污权交易不仅有助于降低污染治理的社会成本、激励企业技术创新,还有助于大幅提高资源配置效率与污染防治效果,有序引导产业合理转移并加快我国产业结构转型升级,显著提高地区污染物排放管理效率,实现可持续发展。

我国的排污权交易制度一直处于发展演化过程中。1997年6月,国家环境保护总局发布的《"九五"期间全国主要污染物排放总量控制实施方案(试行)》在中央层面最早提出允许进行排污权交易。2001年12月,国家环保总局、国家计委、国家经贸委等印发了《国家环境保护"十五"计划》,提出"开展二氧化硫排污权交易的研究,利用市场机制降低二氧化硫污染治理成本和减少二氧化硫排放量"①。2001年12月出台的《国务院关于落实科学发展观加强环境保护的决定》鼓励有条件的地区和单位实行二氧化硫等排污权交易。为推动排污权交易试点,2006年8月,《国务院关于〈"十一五"期间全国主要污染物排放总量控制计划〉的批复》提出,"国家预留47.7万吨,用于二氧化硫排污权有偿分配和排污权交易试点工作"②。2007年11月国务院印发的《国家环境保护"十一五"规划》提出:"发挥价格杠杆的作用,建立能够反映污染治理成本的排污价格和收费机制,有条件的地区和单位可实行二氧化硫等排污权交易。"③2011年3月发布的《中华人民共和国国民经济和社会发展第十二个五年规划纲要》提出:"发展排污权交易市场,规范排污权交易价格行为。"④

2011年10月《国务院关于加强环境保护重点工作的意见》明确提出:"开展排污权有偿使用和交易试点,建立国家排污权交易中心,发展排污

---

① 环保总局,国家计委,国家经贸委,等.关于印发《国家环境保护"十五"计划》的通知[J].中华人民共和国国务院公报,2002(30):32-45.
② 国务院.国务院关于"十一五"期间全国主要污染物排放总量控制计划的批复[EB/OL].(2006-08-23)[2022-08-27].http://www.gov.cn/zwgk/2006-08/23/content_368354.htm.
③ 国务院.国家环境保护"十一五"规划[J].环境保护,2007(23):7-20.
④ 国务院.中华人民共和国国民经济和社会发展第十二个五年规划纲要[J].科技与出版,2011(5):94.

权交易市场。"①这标志着排污权交易制度开始往纵深发展。此后,河南、山东等10多个省市出台了排污权有偿使用和排污权交易的政策性文件,开展了排污权交易试点探索。2011年12月,国务院印发的《国家环境保护"十二五"规划》重申,发展排污权交易市场。2012年8月国务院印发的《节能减排"十二五"规划》提出:"深化排污权有偿使用和交易制度改革,建立完善排污权有偿使用和交易政策体系,研究制定排污权交易初始价格和交易价格政策。"②2012年10月,环境保护部、国家发展和改革委员会、财政部联合印发的《重点区域大气污染防治"十二五"规划》要求:"继续推动排污权交易试点,针对电力、钢铁、石化、建材、有色等重点行业,探索建立区域主要大气污染物排放指标有偿使用和交易制度。"③2014年8月国务院办公厅发布的《关于进一步推进排污权有偿使用和交易试点工作的指导意见》对排污权交易作出了较为具体的规定。该意见指出,"排污单位在规定期限内对排污权拥有使用、转让和抵押等权利"④,要求规范交易行为,控制交易范围,激活交易市场,加强交易管理。

2015年4月出台的《中共中央、国务院关于加快推进生态文明建设的意见》重申"扩大排污权有偿使用和交易试点范围,发展排污权交易市场"⑤。2015年7月,财政部、国家发展改革委、环境保护部联合印发了《排污权出让收入管理暂行办法》。2015年9月中共中央、国务院出台的《生态文明体制改革总体方案》规定:"推行排污权交易制度。在现行以行政区为单元层层分解机制基础上,根据行业先进排污水平,逐步强化以企业为单元进行总量控制、通过排污权交易获得减排收益的机制。在重点流域和大气污染重点区域,合理推进跨行政区排污权交易。加强排污权交

---

① 国务院.国务院关于加强环境保护重点工作的意见[EB/OL].(2011-10-20)[2022-08-29].http://www.gov.cn/zwgk/2011/10/20/content_1974306.htm.
② 国务院.国务院关于印发节能减排"十二五"规划的通知[J].中华人民共和国国务院公报,2012(25):5-21.
③ 环境保护部,国家发展和改革委员会,财政部.重点区域大气污染防治"十二五"规划[J].中国环保产业,2013(1):4-18.
④ 国务院办公厅.关于进一步推进排污权有偿使用和交易试点工作的指导意见[EB/OL].(2014-08-25)[2022-08-28].http://www.gov.cn/zhengce/content/2014/08/25/content_9050.htm.
⑤ 中共中央,国务院.中共中央 国务院关于加快推进生态文明建设的意见[N].人民日报,2015-05-06(001).

易平台建设。"①2015年10月出台的《中共中央 国务院关于推进价格机制改革的若干意见》要求:"完善排污权交易价格体系,运用市场手段引导企业主动治污减排。"②2016年4月印发的《国务院办公厅关于健全生态保护补偿机制的意见》重申:"推进重点流域、重点区域排污权交易,扩大排污权有偿使用和交易试点。"③2015年8月修订后的《大气污染防治法》首次在环境立法中明确了排污权交易制度的法律地位,也是迄今为止唯一对该制度作出规定的法律。其第二十一条第五款规定:"国家逐步推行重点大气污染物排污权交易。"

2016年11月,国务院印发的《"十三五"生态环境保护规划》要求:"建立健全区域生态保护补偿机制和跨区域排污权交易市场。推行排污权交易制度。建立健全排污权初始分配和交易制度,落实排污权有偿使用制度,推进排污权有偿使用和交易试点,加强排污权交易平台建设。"④2017年1月国务院印发的《全国国土规划纲要(2016—2030年)》要求:"在重金属污染综合防治重点区域实施污染物排放总量控制,健全排污权有偿取得和使用制度,扩大排污权有偿使用和交易试点范围,发展排污权交易市场。"⑤2020年3月中共中央办公厅、国务院办公厅印发的《关于构建现代环境治理体系的指导意见》提出:"开展排污权交易,研究探索对排污权交易进行抵质押融资。"⑥

目前,我国正在稳步推进排污权交易制度的实施,排污权初始分配制度、定价机制和二级市场交易制度建设等也取得了一定进展。但是,从实际效果和潜在效果来看,排放权交易制度在我国均未能产生"经济与环境

---

① 中共中央,国务院.生态文明体制改革总体方案[J].居业,2015(18):5-11.
② 中共中央,国务院.中共中央 国务院关于推进价格机制改革的若干意见[N].人民日报,2015-10-16(001).
③ 国务院办公厅.国务院办公厅关于健全生态保护补偿机制的意见[EB/OL].(2016-05-13)[2022-08-30].http://www.gov.cn/zhengce/content/2016-05/13/content_5073049.htm.
④ 国务院."十三五"生态环境保护规划[EB/OL].(2016-12-05)[2022-08-30].http://www.gov.cn/zhengce/content/2016-12/05/content_5143290.htm.
⑤ 国务院.全国国土规划纲要:2016—2030年[EB/OL].(2017-02-04)[2022-08-30].http://www.gov.cn/zhengce/content/2017-02/04/content_5165309.htm.
⑥ 中共中央办公厅,国务院办公厅.关于构建现代环境治理体系的指导意见[EB/OL].(2020-03-03)[2022-08-30].http://www.gov.cn/zhengce/2020-03/03/content_5486380.htm.

双赢"①的波特效应。导致这一现象发生的一个重要原因是环境法对排放权交易制度的保障不足,制约了以市场交易为基础的排污权交易权作为融资工具的发展,导致排污权交易市场运行的低效。②

首先,统一的、完善的排污权交易法律制度缺失。从20世纪80年代我国地方政府开始探索实施排污权交易制度至今,排污权交易已经推行了30多年,但仍在摸索中。虽然各试点地区分别针对排污权交易制度进行立法,但由于上位法、专门性立法的缺位,地方立法层次较低,效力不足、内容差异很大,污染物指标、指导价格、交易范围等的界定不一,"一地一制度"问题突出,跨省域的排污权交易很难开展,排污权交易的公允性受到质疑。要推动排污权交易制度的深入发展,我国就需要总结不同地区排污权交易的实践经验,将成熟的做法内化为统一的、完善的法律制度。

其次,排污权交易制度实施细则缺乏。排污权交易制度缺乏具体实施细则,导致这一制度实施缺少明确的行动指南,突出表现为排污权交易主体资格不明,排污权初始指标分配原则、标准、程序缺失,不同地区、不同行业排污权定价标准、规则缺失,行政监管的范围、方式不明确,市场运行保障机制缺乏等。

最后,污染物排放总量控制指标及其分配机制不完善。污染物排放总量控制指标及其分配机制是排污权交易活动开展的基础。目前,我国的排污权试点地区存在环境容量不太明确、污染物排放总量控制的上限没有划定等问题,加之"政府储备调控机制与区域环境质量目标的相关性和挂钩程度仍然较弱,指标的初始分配难以结合环境质量和容量"③,这在一定程度上制约了排污权交易制度作用的发挥。

(二)生态保护补偿制度不完善

生态保护补偿既可以使生态消费成本内部化、制度化、刚性化,抑制对生态环境的过度消费的冲动,又可以使环境保护的收益内部化,激励环

---

① 赵佳佳,李姝,王建林.中国财政环保资金的利用效率评估:经济与环境的双赢视角[J].经济与管理研究,2020(1):21-35.
② 陈海嵩.论环境法与民法典的对接[J].法学,2016(6):61-73.
③ 郭敏平.排污权交易市场因何步履蹒跚?[J].环境经济,2022(13):50-55.

境保护行为,增强生态产品的生产和供给能力。早在2004年,国家环境保护总局、农业部、水利部、交通部、科学技术部联合发布的《湖库富营养化防治技术政策》就提出"鼓励针对退耕还湖(林、草)、休耕(养、捕)等开展农业生态保护补偿政策研究"①。2008年2月修订的《水污染防治法》首次在法律中明确了生态保护补偿制度的法律地位。其第七条规定:"国家通过财政转移支付等方式,建立健全对位于饮用水水源保护区区域和江河、湖泊、水库上游地区的水环境生态保护补偿机制。"2014年4月修订的《环境保护法》第三十一条规定:"国家建立、健全生态保护补偿制度。国家加大对生态保护补偿地区的财政转移支付力度。有关地方人民政府应当落实生态保护补偿资金,确保其用于生态保护补偿。国家指导受益地区和生态保护地区的人民政府通过协商或者按照市场规则进行生态保护补偿。"

2015年4月出台的《中共中央 国务院关于加快推进生态文明建设的意见》要求:"健全生态保护补偿机制。结合深化财税体制改革,完善转移支付制度,归并和规范现有生态保护补偿渠道,加大对重点生态功能区的转移支付力度,逐步提高其基本公共服务水平。建立地区间横向生态保护补偿机制,引导生态受益地区与保护地区之间、流域上游与下游之间,通过资金补助、产业转移、人才培训、共建园区等方式实施补偿。"②2015年11月,中共中央办公厅、国务院办公厅印发《深化农村改革综合性实施方案》,细化了生态保护补偿的具体领域,要求"完善森林、草原、湿地、水源、水土保持等生态保护补偿制度"③。2015年12月出台的《中共中央 国务院关于落实发展新理念 加快农业现代化 实现全面小康目标的若干意见》提出:"建立健全生态保护补偿机制,开展跨地区跨流域生态保护补偿试点。"④2016年4月出台的《国务院办公厅关于健全生态保护补偿机

---

① 国家环境保护总局,农业部,水利部,等.湖库富营养化防治技术政策[J].环境保护,2004(8):18-22.
② 中共中央,国务院.中共中央 国务院关于加快推进生态文明建设的意见[N].人民日报,2015-05-06(001).
③ 中共中央办公厅,国务院办公厅.深化农村改革综合性实施方案[EB/OL].(2015-11-02)[2022-08-13]. http://www.gov.cn/zhengce/2015-11/02/content_5003540.htm.
④ 中共中央,国务院.中共中央 国务院关于落实发展新理念 加快农业现代化 实现全面小康目标的若干意见[EB/OL].(2016-01-27)[2022-08-13]. http://www.gov.cn/zhengce/2016-01/27/content_5036698.htm.

制的意见》对生态保护补偿机制作出较为详实的规定,为生态保护补偿制度的深入发展奠定了基础。2016年11月第二次修正的《海洋环境保护法》将其第二十四条第一款修改为:"国家建立健全海洋生态保护补偿制度"。

2017年1月国务院印发的《全国国土规划纲要(2016—2030年)》对各类环境要素的生态补偿作出较为具体规定,要求"建立健全生态保护补偿、资源开发补偿等区际利益平衡机制。建立健全土空间开发保护和用途管制制度,全面实行自然资源资产有偿使用制度和生态保护补偿制度,将资源消耗、环境损害、生态效益纳入经济社会发展评价体系;建立自然资源开发利用奖惩机制,健全能源、水、土地节约集约使用制度;逐步建立覆盖森林、草原、湿地、荒漠、海洋、水流、耕地等重点领域和禁止开发区域、重点生态功能区等重要区域的多元化生态保护补偿机制。进一步改革完善财税体制,完善转移支付制度,归并和规范现有生态保护补偿渠道,逐步加大中央财政对重点生态功能区的转移支付力度和对禁止开发区域的投入力度。推动地区间、流域上下游建立横向生态保护补偿机制,坚持谁受益、谁补偿的原则,探索开发地区对保护地区、生态受益区对生态保护区通过资金补助、产业转移、人才培训、园区共建等方式实施生态保护补偿"[1]。

2017年2月,中共中央办公厅、国务院办公厅印发的《关于划定并严守生态保护红线的若干意见》提出,加大生态保护补偿力度,加快健全生态保护补偿制度,完善国家重点生态功能区转移支付政策,探索建立横向生态保护补偿机制。[2] 2017年9月,中共中央办公厅、国务院办公厅印发的《建立国家公园体制总体方案》明确了国家公园的生态保护补偿制度的内容,即"建立健全森林、草原、湿地、荒漠、海洋、水流、耕地等领域生态保护补偿机制,加大重点生态功能区转移支付力度,健全国家公园生态保护补偿政策。加强生态保护补偿效益评估,完善生态保护成效与资金分配挂钩的激励约束机制,加强对生态保护补偿资金使用的监督管理。制定

---

① 国务院.全国国土规划纲要:2016—2030年[EB/OL].(2017-02-04)[2022-08-30]. http://www.gov.cn/zhengce/content/2017-02/04/content_5165309.htm.

② 中共中央办公厅,国务院办公厅.关于划定并严守生态保护红线的若干意见[EB/OL]. (2017-02-07)[2022-08-20]. http://www.gov.cn/zhengce/content/2017-02/07/content_5166291.htm.

国家公园总体规划、功能分区、基础设施建设、社区协调、生态保护补偿、访客管理等相关标准规范和自然资源调查评估、巡护管理、生物多样性监测等技术规程"①。

2018年1月出台的《中共中央 国务院关于实施乡村振兴战略的意见》提出："健全地区间、流域上下游之间横向生态保护补偿机制,探索建立生态产品购买、森林碳汇等市场化补偿制度。"②2018年9月,中共中央、国务院印发的《乡村振兴战略规划(2018—2022年)》设专节规定了生态保护补偿机制建设,提出了未来一段时间的重点发展目标,要求"加大重点生态功能区转移支付力度,建立省以下生态保护补偿资金投入机制。完善重点领域生态保护补偿机制,鼓励地方因地制宜探索通过赎买、租赁、置换、协议、混合所有制等方式加强重点区位森林保护,落实草原生态保护补助奖励政策,建立长江流域重点水域禁捕补偿制度,鼓励各地建立流域上下游等横向补偿机制"③。

2018年12月,国家发展改革委、财政部、自然资源部、生态环境部等9部委联合印发了《建立市场化、多元化生态保护补偿机制行动计划》,明确了生态保护补偿重点任务和制度建设的方向,"建立市场化、多元化生态保护补偿机制要健全资源开发补偿、污染物减排补偿、水资源节约补偿、碳排放权抵消补偿制度,合理界定和配置生态环境权利,健全交易平台,引导生态受益者对生态保护者的补偿。积极稳妥发展生态产业,建立健全绿色标识、绿色采购、绿色金融、绿色利益分享机制,引导社会投资者对生态保护者的补偿"④。

2019年11月,为进一步健全生态保护补偿机制,提高资金使用效益,国家发展改革委制定了《生态综合补偿试点方案》。2020年3月,中共中

---

① 中共中央办公厅,国务院办公厅.建立国家公园体制总体方案[EB/OL].(2017-09-26)[2022-08-20].http://www.gov.cn/zhengce/2017-09/26/content_5227713.htm.
② 中共中央,国务院.中共中央 国务院关于实施乡村振兴战略的意见[EB/OL].(2018-01-02)[2022-08-25].http://www.gov.cn/zhengce/2018-02/04/content_5263807.htm.
③ 中共中央,国务院.中共中央 国务院印发《乡村振兴战略规划(2018—2022年)》[J].农村工作通讯,2018(18):8-35.
④ 国家发展改革委,财政部,自然资源部,等.建立市场化、多元化生态保护补偿机制行动计划[EB/OL].(2019-01-11)[2022-08-25].http://www.gov.cn/xinwen/2019-01/11/content_5357007.htm.

央办公厅、国务院办公厅印发了《关于构建现代环境治理体系的指导意见》,将生态保护补偿机制列为环境治理现代化体系建设的重要内容。2020年12月发布的《长江保护法》第七十六条规定:"国家建立长江流域生态保护补偿制度。国家加大财政转移支付力度,对长江干流及重要支流源头和上游的水源涵养地等生态功能重要区域予以补偿。具体办法由国务院财政部门会同国务院有关部门制定。国家鼓励长江流域上下游、左右岸、干支流地方人民政府之间开展横向生态保护补偿。国家鼓励社会资金建立市场化运作的长江流域生态保护补偿基金;鼓励相关主体之间采取自愿协商等方式开展生态保护补偿。"

虽然生态保护补偿法律制度在环境立法中的地位已经确立,生态保护补偿的实践也在深入开展,但是,我国尚未建立起完善的生态保护补偿法律制度体系,生态保护补偿制度还存在一些亟需解决的理论问题。

首先,生态保护补偿主体和受偿主体单一。现行环境立法规定的生态保护补偿主体仅限于政府,社会组织还没有成为生态保护补偿的主体,制约了社会自治力量参与环境保护的积极性;同时,"我国生态补偿普遍遵循的是'占一补一'原则,只注重对利益直接受损者的经济补偿,而忽视了对生态环境保护者、贡献者等提供补偿"①。

其次,生态保护补偿范围不明确。我国生态补偿的范围正"由点及面,逐步覆盖了大多重点领域与区域,并向跨流域、跨区域方向延伸,但流域领域探索仍占主流,且各地生态补偿范围立法规定不一致"②。例如,《苏州市生态补偿条例》第八条规定,生态保护补偿范围包括水稻田、生态公益林、重要湿地、集中式饮用水水源保护区、风景名胜区、政府确定的其他区域。《无锡市生态补偿条例》第九条规定,生态保护补偿范围包括永久基本农田、水稻田、市属蔬菜基地、种质资源保护区、生态公益林、重要湿地、集中式饮用水水源保护区、清水通道维护区、重要水源涵养区、政府确定补偿的其他区域。

再次,生态保护补偿标准设置不科学。"我国尚未形成完善的生态补

---

① 林慧,马永欢.生态补偿制度的改革路径[J].中国土地,2019(5):26-28.
② 王力强.我国生态补偿法律制度研究[D].武汉:华中科技大学,2019.

偿核算方法体系,所采用的国外的定价和方法与我国现实情况存在差距。补偿标准以政府财政支付能力作为依据,忽视了相关利益主体的意愿及市场评价,从而造成生态补偿标准偏低、农户参与生态补偿积极性不高,执行中也多采用'一刀切'的单一标准,忽视不同地区的经济环境条件、技术发展及地区间财政状况等问题。"①

最后,生态保护补偿管理措施不健全。一是生态保护补偿缺乏统一的管理规则。环境污染防治和自然资源开发涉及环保、国土、林业、农业等多个行政管理部门,各个行政管理部门制定各自的补偿管理方法和程序,不同生态保护补偿实践的管理规则不协调。二是生态恢复保证金制度不完善。生态恢复保证金制度实施的目的是促使企业主动履行环境治理恢复责任,提高企业环境保护的主动性和积极性。以矿山生态环境保障金制度为例,"从矿山生态恢复保证金的操作实践情况来看,保证金标准偏低、小矿不缴、大矿迟延、积极性不高、返还困难、信息化程度低、各资源管理部门重复收取保证金等问题比较突出,管理体制尚不健全"①。

(三) 环境保护税制度不健全

环境保护税制度通过引入税务负担来形成价格信号,对市场主体给予正向或者负向的激励,鼓励市场主体实施环境友好型行为,从而强化税收在环境保护中的调节作用。我国一直重视环境保护税制度建设,2008年7月,国务院办公厅转发的《发展改革委关于2008年深化经济体制改革工作意见》中提出,由财政部、国家税务总局牵头,研究开征环境保护税。这标志着我国环境保护税制度建设正式起步。2011年3月《中华人民共和国国民经济和社会发展第十二个五年规划纲要》提出:"积极推进环境税费改革,选择防治任务繁重、技术标准成熟的税目开征环境保护税,逐步扩大征收范围。"②2011年10月发布的《国务院关于加强环境保护重点工作的意见》要求:"积极推进环境税费改革,研究开征

---

① 林慧,马永欢.生态补偿制度的改革路径[J].中国土地,2019(5):26-28.
② 全国人民代表大会.中华人民共和国国民经济和社会发展第十二个五年规划纲要[EB/OL].(2011-03-16)[2022-08-13].http://www.gov.cn/2011lh/content_1825838.htm.

环境保护税。"①2013年10月,《国务院关于化解产能严重过剩矛盾的指导意见》提出,通过推进资源税改革和环境保护税立法,化解"钢铁、水泥、电解铝、平板玻璃、船舶等行业产能严重过剩矛盾"。②

2014年4月修订的《环境保护法》首次在环境立法中明确了环境保护税的法律地位。其第四十三条规定:"排放污染物的企业事业单位和其他生产经营者,应当按照国家有关规定缴纳排污费。排污费应当全部专项用于环境污染防治,任何单位和个人不得截留、挤占或者挪作他用。依照法律规定征收环境保护税的,不再征收排污费。"2014年6月国务院办公厅印发的《能源发展战略行动计划(2014—2020年)》要求:"加快推进环境保护税立法工作,探索建立绿色税收体系。"③

2015年6月,《环境保护税法》被列入第十二届全国人民代表大会常务委员会立法规划。2015年9月,国务院发布的《生态文明体制改革总体方案》要求加快推进环境保护税立法。2016年3月发布的《中华人民共和国国民经济和社会发展第十三个五年规划纲要》明确提出要征收环境保护税。

2016年11月第二次修正的《海洋环境保护法》第十二条第一款规定:"直接向海洋排放污染物的单位和个人,必须按照国家规定缴纳排污费。依照法律规定缴纳环境保护税的,不再缴纳排污费。"2016年12月颁布的《环境保护税法》规定了环境保护税的计税依据、应纳税额,明确了税收减免的条件和征收管理措施。环境保护税成为我国的第一种专门针对污染、破坏环境行为的税种。"环保税在减少环境污染、推进环境保护、推动经济结构调整,乃至国家治理现代化等方面,被寄予厚望。"④为落实《环境保护税法》的规定,2017年12月,国务院发布了《环境保护税法实施条例》,细化了环境保护税的计税依据,明确了税收减免和征收管理的具体

---

① 国务院.国务院关于加强环境保护重点工作的意见[EB/OL]. (2011-10-20)[2022-08-13]. http://www.gov.cn/zhuanti/2015-06/13/content_2878991.htm.
② 国务院.国务院关于化解产能严重过剩矛盾的指导意见[EB/OL]. (2013-10-18)[2022-08-13]. http://www.gov.cn/zhengce/content/2013-10/18/content_4854.htm.
③ 国务院办公厅.能源发展战略行动计划:2014—2020年[EB/OL]. (2014-11-19)[2022-08-14]. http://www.gov.cn/zhengce/content/2014/11/19/content_9222.htm.
④ 傅志华,李铭.环境保护税立法:税制设计创新与政策功能强化[J].环境保护,2017(Z1):19-23.

措施。2017年12月发布的《国务院关于环境保护税收入归属问题的通知》明确规定,环境保护税全部作为地方收入。2020年3月中共中央办公厅、国务院办公厅印发的《关于构建现代环境治理体系的指导意见》要求:"严格执行环境保护税法,促进企业降低大气污染物、水污染物排放浓度,提高固体废物综合利用率。"①

我国已在《环境保护法》《海洋环境保护法》中明确了环境保护税的法律地位,也出台了专门的《环境保护税法》《环境保护税法实施条例》,从形式上看,制度建设似乎比较完善。不过,仔细分析环境保护税法律文件后我们会发现,《环境保护税法》仅仅是将已经形成统一认识的部分内容在法律中作出规定,环境保护税制度还有很大的完善空间。

首先,环境保护税征税范围较窄。目前,我国的环境保护税只对污染物排放征收,仅包括大气污染物、水污染物、固体污染物和噪声四类,税目种类较少。同时,各税目中的应税对象比较少,二氧化碳、污染型产品、挥发性有机物等对环境产生影响的物质排除在应税对象外。

其次,环境保护税税率设置不科学。现行环境保护税税率是在原排污收费基础上设定的,税率整体较低,企业纳税金额远远低于开展环境治理所需要付出的实际成本。这导致企业宁肯缴纳环境保护税,也不愿意多投入资金来加强环境保护。

再次,环境保护税税收优惠措施不完善。没有根据具体污染行为对农业源、机动车等造成的污染进行减税鼓励或者财政补贴,而是按行业或者征缴能力暂予免征或者永久性优惠;对企业从事环保科研没有制定优惠政策,税收的激励作用不明显。

最后,环境保护税制度与其他制度的协调性有待加强。一是与排污许可制度的衔接有待加强。环境保护税通过税收优惠来激励企业在达标排放的前提下进一步减排,但现实中的排污许可量是以达标前提下的实际排放量为依据的,企业为了享受税收优惠积极减排,可能会导致未来排污许可量指标被压缩。二是与环境监测制度的衔接有待加强。环境保护

---

① 中共中央办公厅,国务院办公厅.关于构建现代环境治理体系的指导意见[EB/OL].(2020-03-03)[2022-08-30]. http://www.gov.cn/zhengce/2020-03/03/content_5486380.htm.

税申报不得跨季度使用监测数据,意味着即使某排放口满足排污许可证中要求的监测频次,其实际排放量的数据来源与环境保护税的计税依据可能不同。①

(四) 绿色金融制度不完善

随着环境问题的日趋严峻,"加大绿色环保行业的投入已成大势所趋。然而仅仅依靠政府财政和公益组织的政策性融资模式难以满足绿色投资需求,充分利用金融市场发展绿色金融,以贷款、私募投资、发行债券和股票、保险等金融服务形式将社会资金引向绿色产业,成为当前改善生态环境和促进经济增长的必然选择"②。绿色金融制度在促进经济发展的同时有助于加强对环境的保护。绿色金融制度"能够支持新能源、节能高效技术与装备、环境监测与治理等环保行业的发展,这些潜在的融资需求能够获得绿色金融的支持而形成新的经济增长点,同时有利于产业结构、能源结构的转型升级,提高资源利用水平和经济增长效率"③。同时,绿色金融制度"能够借助金融的力量推动环境保护产业和环境保护事业的进步,通过新能源、新技术、新产业的发展降低经济发展对环境的压力,同时也能够引导社会投资对于环境保护效果的考量,从而有利于环境的改善"④。

自1995年2月中国人民银行发布的《关于贯彻信贷政策与加强环境保护工作有关问题的通知》(银发〔1995〕24号)要求金融部门在信贷工作中落实国家的环境保护政策以来,我国绿色金融实践已开展了将近30年。2007年7月,国家环保总局、中国人民银行、银监会联合发布了《关于落实环保政策法规防范信贷风险的意见》,绿色信贷制度在环境污染领域得到全面运用。2013年1月,环境保护部与保监会印发了《关于开展环境污染强制责任保险试点工作的指导意见》(环发〔2013〕10号)。2016年8月,中国人民银行、财政部、发展改革委、环境保护部、银监会、证监会、保监会联合印发了《关于构建绿色金融体系的指导意见》,对绿色金

---

① 上海市环境科学研究院.上海市环境保护税实施现状及相关建议[EB/OL].(2019-09-04)[2022-08-15]. http://huanbao.bjx.com.cn/news/20190904/1004824.shtml.
② 马骏.中国绿色金融发展与案例研究[M].北京:中国金融出版社,2016:3.
③ 绿色金融工作小组.构建中国绿色金融体系[M].北京:中国金融出版社,2015:5.
④ 袁康.绿色金融发展及其法律制度保障[J].证券市场导报,2017(1):4-11.

融制度进行了比较全面的谋划。迄今为止,我国出台了大量涉及绿色信贷、绿色保险、绿色基金等方面的规章和规范性文件。但是从绿色金融制度的建设情况来看,该制度仍存在很多缺陷,既难以为市场主体绿色产业投融资提供足够的激励,又难以推动企业落实环境保护社会责任。2020年4月第二次修订的《固体废物污染环境防治法》首次明确了绿色金融的法律地位。其第九十七条规定:"国家发展绿色金融,鼓励金融机构加大对固体废物污染环境防治项目的信贷投放。"

首先,绿色金融制度法律地位不明确且制度具体内容缺失。除了《固体废物污染环境防治法》,绿色金融制度尚未在环境保护基本法或者其他单行法、金融法中明确其法律地位。现有的支撑文件主要由国务院部委制定,法律层级较低,缺乏强制力和权威性;文件多为原则性和指导性的规定,缺乏稳定性和执行力;制度的具体内容缺失,可操作性不强。

其次,绿色金融制度激励机制设置不合理。不管是金融机构,还是一般的企业,逐利性是其根本特征。营利性市场主体都不愿意主动对其营利行为进行生态化塑造,因为这会直接压缩其利润空间。"在绿色信贷方面,一些商业银行盲目追求经济利益,贷款给高污染的石油、化工等企业,造成了严重的环境危害。但是在我国已发布的法律文件中,仅强调银行要主动承担社会责任,对每一个贷款企业和项目必须严格审查其环境影响,却没有说明违规银行应承担的法律责任,在推行绿色信贷的过程中,银行的成本大于收益,而违规成本过低,这为银行提供了违规激励。在环境责任保险这一领域,因为不存在强制环境责任保险,约束力较弱,污染企业自身受到行政处罚的额度有限,由此造成保险公司因为实际保单数量过低无法完成准确有效的事故测算概率统计的后果,同时保险公司由于预期风险不可控也不愿意进行更多的承保工作。在绿色基金领域,'十三五'规划强调绿色发展基金的重要性,但是制度和法律层面却无法对其进行有效的保障和约束。"①

最后,跨行政部门协调与沟通机制未建立。绿色金融涉及发展改革部门、财政部门、金融部门、环保部门、国土部门等多个政府部门,多部门

---

① 姜漪.中国绿色金融发展的制度保障研究[D].长春:吉林大学,2019.

之间沟通不足、协调不畅、缺乏协同平台,导致部门间既无法有效合作,又无法相互监督。

第四节　环境市场调节法律制度的构建路径

随着我国市场经济的深入发展,以及由市场经济决定的社会上层建筑的不断转型,环境市场法律制度所依赖的经济基础和上层建筑都在发生深刻转变,这决定了环境管理的组织体系、监管模式、控制方式等也应当顺应市场经济发展的需要,充分利用市场这只"无形的手"来高效配置非垄断性的环境资源,建立以自然资源资产权属制度为中心、盘活经济杠杆调节制度的法律制度体系。

一、构建完善的自然资源资产产权制度

自然资源资产产权制度是生态文明建设的基础性制度。提高自然资源资产的经济效率,促进自然资源合理开发利用,需要构建完善的自然资源资产产权制度体系。

首先,明确自然资源资产权属关系。其具体内容包括以下几个方面:构建有助于自然资源效用发挥的所有权制度,构建国务院自然资源主管部门行使全民所有的自然资源资产所有权的资源清单制度和管理体制,构建国务院委托省级和市(地)级政府代理行使自然资源资产所有权的资源清单制度和监督管理制度;理顺国有自然资源资产所有权、行政管理权、用益物权之间的关系,合理配置自然资源资产所有权和用益物权,完善全民所有自然资源资产收益管理制度,合理调整中央和地方收益分配比例和支出结构;明确国有自然资源资产的管理主体、管理权限、管理责任,加强自然资源资产管理考核评价体系建设和社会监督制度建设。

其次,完善自然资源资产产权体系和私权权能。其具体内容包括以下两个方面:一是完善产权体系,建立所有权、承包权和经营权"三权分置"制度,建立地上、地表和地下空间使用权和经营权分置制度,建立海域使用权立体分层设权制度,建立油气探采合一权利制度;二是在不动摇全

民所有制产权基础上,赋予自然资源资产更多私权权能,完善自然资源资产使用权出让、转让、抵押、出租、担保、作价出资(入股)等权能,扫清自然资源资产市场化配置的制度性障碍。

最后,加强自然资源资产产权制度与其他制度的衔接。其具体内容包括以下几个方面:在统筹总量、总强度控制制度的基础上,完善自然资源资产价格形成机制,发挥市场配置资源的决定性作用;明确自然资源资产生态保护补偿收益分配机制以及环境治理、环境补救的责任分担机制。

二、构建完善的环境保护经济杠杆调节制度

与环境保护的其他制度相比,我国环境保护经济杠杆调节制度起步较晚,发展较为滞后。为适应环境治理现代化的要求,有效发挥经济杠杆调节机制在环境资源合理配置中的作用,我国需要加强环境保护经济杠杆调节制度建设。

(一) 加强排污权交易制度建设

发挥排污权交易制度的应有作用,必须牢固树立经济效率理念,科学确定指标分配规则,建立公平、透明的市场规则。

首先,构建统一的排污权交易法律制度。其具体内容包括以下几个方面:及时总结各试点地区排污权交易经验;制定统一的排污权交易法律规则;明确排污权的权利属性,排污权交易的基本原则,排污权的取得、使用和交易规则,排污权储备和出让规则,排污权交易的监督与管理规则等内容。

其次,制定排污权交易制度实施细则。排污权交易制度实施细则是排污权交易制度的细化。其具体内容至少包括:允许交易的污染物种类,排污权交易主体资格,排放权分配初始规则,新增排污权的交易规则,排污权使用、转让、抵押、租赁规则,政府收回与储备排污权的情形与补偿规则,储备排污权的出让规则,不同地区和不同行业排污权定价标准和规则,排污权交易一级市场、二级市场的交易规则,排污权交易信息公开规则,排污权交易财税激励规则,排污权交易行政监管和救济措施等。

最后,完善污染物排放总量控制指标及其分配机制。其具体内容包括:合理设定排污权交易地区的环境质量目标,科学确定排污权交易地区

的环境容量和环境承载力,并构建完善的分配机制,在此基础上合理确立和分配污染物排放总量控制指标。

(二)推动生态保护补偿制度完善

生态保护补偿制度完善应当坚持经济效率优先的理念,坚持谁受益、谁补偿的原则,增强制度设计的科学性,增强制度实施的有效性。

首先,完善生态保护补偿主体。一是将非营利的环境保护组织扩充为生态保护补偿主体,鼓励其利用自筹或者捐助获得的资金开展生态保护补偿工作,发挥社会组织在环境保护中的积极作用。二是扩充受偿主体。国家除了对利益直接受损者进行补偿,还应当对生态环境建设者、生态功能区内的地方政府和居民、环保技术的研发主体等提供补偿,保护这些主体参与生态环境保护的积极性。

其次,合理确定生态保护的补偿范围。统一生态保护的补偿范围,在湿地、水、森林、草原、海洋、自然保护区、主体功能区、矿区、农业种植区等领域建立生态保护补偿制度。

再次,健全生态保护补偿标准设置。在综合考虑生态保护成本、发展机会成本和生态服务价值的基础上,"结合国家、地区的经济发展水平,加强不同地理空间的补偿等级划分和幅度选择,科学确定生态补偿指标体系、实施原则与计算方法,根据各领域、不同类型地区特点,以生态产品产出能力为基础,完善测算方法,分别制定补偿标准"[1]。

最后,健全生态保护补偿管理措施。一是建立统一的生态保护补偿管理规则,由环保、国土、林业、农业等行政管理部门联合制定生态保护规则,统一补偿方法和程序;二是完善生态恢复保证金制度,扩大生态环境保证金适用范围,明确保证金的管理主体、缴纳标准、返还事由、缴纳和返还程序等内容。

(三)加强环境保护税制度建设

"环保税在减少环境污染、推进环境保护、推动经济结构调整,乃至国家治理现代化等方面,被寄予厚望。"[2]解决环境保护税制度存在的缺陷,

---

[1] 林慧,马永欢.生态补偿制度的改革路径[J].中国土地,2019(5):26-28.
[2] 傅志华,李铭.环境保护税立法:税制设计创新与政策功能强化[J].环境保护,2017(Z1):19-23.

需要根据经济社会形势的变化,不断完善税制要素设计,增强制度设计的科学性。

首先,扩大环境保护税征税范围。在对影响我国环境质量的污染物进行充分分析的基础上,在对企业不同税负所造成的影响进行综合判断的基础上,国家应适度扩大环境保护应税对象,充分发挥"绿色税制"的功能。

其次,科学设置环境保护税税率。以环境容量和环境承载力为基础,在不同的地区实行差别税率;对浓度相同的应税污染物采用超额累进税率。通过上述经济杠杆调节环境污染物的排放,促进企业在不同地区合理布局,加快淘汰落后产能,推动产业转型升级。

再次,完善环境保护税税收优惠措施。根据具体排污行为对于农业源、机动车等造成的污染给予减税鼓励或者财政补贴;在企业所得税方面,增加环境保护设备加速折旧扣除、环保设备投资税收抵免优惠;在增值税方面,允许污染治理以及节能减排的设备进行增值税进项抵扣,对于销售废旧物资给予免税或者退税优惠,对于进行资源综合利用而生产的产品给予减征税收优惠。

最后,加强环境保护税制度与其他制度的协调性。一是加强与排污许可制度的衔接,统一环境保护税与排污许可证的核算方法、原则,提高环境税与排污许可证的融合度,鼓励各地深化分行业、分工艺排污绩效跟踪评估,推动许可排放量核定从历史法向行业基准线法、标杆法改进。二是加强与环境监测制度的衔接,统一污染物排放数据的认定方式。①

(四)建立完善的绿色金融制度

金融市场开放和金融体制改革倒逼我国加强绿色金融制度建设,国家应通过市场机制引导社会资本流向环境友好型产业,通过经济杠杆调节促使企业实施环境友好行为,加快产业转型升级。与此同时,我国已初步具备构建绿色金融制度的现实条件,这为绿色金融制度建设奠定了基础。

---

① 上海市环境科学研究院.上海市环境保护税实施现状及相关建议[EB/OL].(2019-09-04)[2022-08-15]. http://huanbao.bjx.com.cn/news/20190904/1004824.shtml.

首先，明确绿色金融制度的法律地位和制度内容。其具体内容包括以下几个方面：在环境保护基本法或者单行法中明确绿色信贷制度、绿色保险制度、绿色基金制度等的法律地位；加强绿色金融顶层法律制度设计，明确绿色金融发展的基本原则，参与主体的权利、义务与责任，绿色金融风险分担机制，绿色金融发展激励机制，绿色金融运行监管机制等内容；修改《中华人民共和国商业银行法》等相关法律，明确金融机构对项目环境影响的法定审查义务和法律责任。

其次，完善绿色金融制度激励机制。其具体内容包括以下几个方面：利用正向激励和负向激励机制推动各类市场主体积极参与绿色金融活动，"充分利用市场规律，在尊重金融市场主体自由选择的基础上通过调整利益和激发动机来引导金融市场主体的行为，使之符合绿色金融的要求"①；在激励机制设计过程中，秉承"寓义于利"基本的理念，推动企业经济效率与社会责任的结合。

最后，建立跨部门协调沟通机制。其具体内容包括以下几个方面：理顺发展改革部门、财政部门、金融部门、环保部门、国土部门等之间的关系，设立跨部门协调机构，对绿色金融政策制定、实施进行统筹协调；建立统一的信息沟通与共享平台，加强跨部门之间的信息沟通与监督。

---

① 袁康.绿色金融发展及其法律制度保障[J].证券市场导报，2017(1)：4-11.

第五章　环境社会治理法律制度建设

　　社会多元主体参与环境治理是对政府主导的环境治理、市场调节的环境治理模式的有益补充。环境公共物品供应既需要国家持续投入,也需要市场自发调节,还需要社会公众自觉参与。环境社会治理可以化解环境行政管理、环境市场调节过程中的困难和弊端。从政府提供环境公共物品的组织方式上讲,现代社会中政府依靠一己之力成为公共物品的直接提供者的时代即将结束,公共物品的供应或多或少地会被分散,由此决定了在环境公共物品的供给中,"国家权威与社会自治的同等重要性,两者均不可偏废"①。

　　环境社会治理是应对复杂环境问题挑战的必然选择。现代社会的高度开放性和高速变革性,使得既有的环境治理经验往往无法解决日益复杂的环境问题。环境保护"比过去需要更多的专业经验、特别信息、专门知识和不同意见的合作参与,显然不是任何一个组织或国家自己就能承担的,它需要社会各方面对公共事务承担责任,需要既代表'公'利又代表'私'利的组织共同参与决策"。② 在环境保护过程中,需要"通过政府、企业、利益相关者、社会团体、社会公众等各种社会主体之间的对话、讨论和商谈,将环境法治的基本社会共识法定化、规范化,进而推动环境法治的进步与成熟。在认识和承认参与环境保护与环境公共治理的各个主体的理性有限性的基础上,创制一种保障公民基本环境权益、促进环境公共事务管理的开放性、多元性、参与性、协商性和包容性的民主化法律治理模

---

① 陈海嵩.环境法国家理论的法哲学思考[J].甘肃政法学院学报,2016(3):17-26.
② 张静.法团主义[M].北京:中国社会科学出版社,2005:28.

式和政策框架"[①]。环境社会治理适应了环境保护的现实需求,能够根据具体环境问题对治理策略进行差异化调整和优化,有效应对环境问题的挑战。

环境社会治理是环境民主的重要实现形式,是环境治理现代化的重要体现。环境民主赋予多元社会主体参与环境治理的资格。企事业单位、公民等都可以基于法律的规定,以社会对话、沟通、协商的法治与民主机制为基础,自愿、主动开展环境保护工作。在环境保护过程中,多元社会主体所掌握的丰富的社会治理资源得以整合,有助于节省财政资金投入,强化对环境行政权的监督,体现多元环境治理的益处。正是意识到环境社会治理对社会、经济和政治的有益性,2014年4月修订的《环境保护法》对环境社会治理制度作出较为详实的规定,鼓励公众参与,允许媒体监督,要求开展环境教育,以保障公众的环境保护知情权、参与权、监督权。

第一节 环境社会治理法律制度的演变特征

得益于政府环境信息公开的透明化,以及环境信息获取愈发便捷,多元社会主体能够越来越方便地接触到多样的环境信息,也越来越广泛地参与环境治理过程。与环境社会治理实践相伴而生的是,我国环境社会治理法律制度也在不断发展演变,具有明显的从封闭到开放、从虚化到实化的特征。

一、从封闭的环境信息管理走向开放的环境信息管理

现代社会的多元分化、不同利益集团的出现和稳定存在,从根本上动摇了一统观念制度的社会基础,也催生了多元主体对环境信息的广泛需求。虽然我国1989年出台的《环境保护法》规定了行政机关发布环境状况公报的义务,但是受制于主客观条件的制约,2003年之前,我国的环境

---

① 柯坚.我国《环境保护法》修订的法治时空观[J].华东政法大学学报,2014(3):17-28.

信息公开发展非常缓慢,环境信息在这一阶段基本上掌握在政府和排污单位手中。在当时的历史背景下,环境信息公开受阻的主要原因有三个:一是我国环境法制建设滞后,还没有确立政府信息公开制度,政府缺乏公开环境信息的法律依据和内在动力;二是强制要求企业公开环境信息的法律制度缺失,企业没有公开环境信息、接受社会监督的制度压力;三是受制于通信技术的限制,环境信息公开的途径有限,信息传播面比较窄。从 2003 年开始,随着《环境保护行政主管部门政务公开管理办法》《关于企业环境信息公开的公告》等的出台,我国的环境信息公开制度开始萌发。此后,《政府信息公开条例》《环境信息公开办法(试行)》《污染源环境监管信息公开目录》《国家重点监控企业自行监测及信息公开办法(试行)》《国家重点监控企业污染源监督性监测及信息公开办法(试行)》《企业事业单位环境信息公开办法》等规范性文件不断出台,环境信息公开制度逐渐确立。2014 年修订的《环境保护法》进一步明确了环境保护主管机关、排污企事业单位向社会公开环境信息的义务。《大气污染防治法》《水污染防治法》等环境保护单行法也做出了类似的要求,环境信息公开法律制度体系不断完善。

二、从环境保护公众参与虚化到环境保护公众参与实在化

在我国,"公众参与环境保护"这一提法出现得比较早,但一直没得到有效落实。1979 年通过的《环境保护法(试行)》第四条提出"依靠群众、大家动手"的指导原则。其第八条规定:"公民对污染和破坏环境的单位和个人,有权监督、检举和控告。"这些规定为公众参与环境保护提供了法律依据。1982 年颁布的《宪法》第二条规定:"人民依照法律规定,通过各种途径和形式,管理国家事务,管理经济和文化事业,管理社会事务。"1989 年通过的《环境保护法》第六条规定:"一切单位和个人都有保护环境的义务。"1996 年修正的《水污染防治法》第十三条规定:"环境影响评价报告书中,应当有该建设项目所在地居民的意见。"从内容上看,上述法律只是明确了环境保护公众参与制度的法律地位,并没有明确公众参与环境公共事务的范围、途径和形式,这导致很长时间以来,我国公众参与环境治理的虚化,环境保护公众参与制度没有得到具体落实。2002 年出台的

《环境影响评价法》对公众参与的对象、参与主体、参与方式等作出了概括性的规定,这标志着环境公众参与开始走向实在化。《环境影响评价法》要求建设项目在报批之前,至少应在形式上公开征求公众的意见。此后,《行政许可法》《环境保护行政许可听证暂行办法》《环境影响评价公众参与暂行办法》《政府信息公开条例》《环境信息公开办法(试行)》等相继出台。随着 2014 年 4 月《环境保护法》的修订完善,环境保护公众参与制度的内容不断细化、具体化,为公众实际参与环境保护活动奠定了坚实的制度基础。

第二节 环境社会治理法律制度的价值取向

环境民主是指"社会公众在环境管理及其相关事务中进行参与和决策的资格,并据此享有和承担法律上的权利和义务"①。环境民主要求在环境保护过程中,多元化的环境治理主体有权通过法定的程序和途径,参与和环境权益或者社会公共环境利益相关的环境决策、实施活动。

环境民主是民主理念在环境保护活动中的自然延伸,是实现环境秩序、维护生态安全与健康、实现环境正义等价值的重要手段。环境民主的逻辑前提是,"人民和权力机关应该联合起来共同做出那些影响公共生活的共有决定。人民应该一起参加鉴定那些规定公共利益的目标和价值的过程;用通过政治的和社会的组织行使他们集体的权力以保障公共利益"②。

环境民主是"寻求利益平衡、利益共存或利益妥协的最佳方式和途径,是缓解环境保护产生的巨大利益冲突引发社会矛盾的减震器,是使环境法律制度得到顺利实施的润滑剂"③。首先,多元主体对参与环境保护、维护其环境利益具有内在动力。由于环境是人赖以生存和发展的基本条

---

① 张璐.再论环境民主原则[J].河南省政法管理干部学院学报,2003(1):135-138.
② 蔡守秋.环境公平与环境民主:三论环境资源法学的基本理念[J].河海大学学报(哲学社会科学版),2005(3):12-17.
③ 秦天宝.环境法制度学说案例[M].武汉:武汉大学出版社,2013:92.

件,与每个人的日常生活息息相关,公众有了解和掌握与其切身利益息息相关的环境信息、参与环境保护的过程、监督其他主体的环境行为的内在动力。其次,社会力量参与环境保护,有助于优化政府环境行政决策,推动政府实施更符合民意、契合实际的环境行政行为,节约环境行政管理成本。

环境民主是环境治理现代化的应有之义。环境民主要求多元主体在维护环境公共利益的过程中,享有环境知情权、环境治理参与权等,有权合法获得各种环境信息,了解政府、企业的行为对环境造成的或者可能造成的影响;有权参与环境立法,表达环境利益诉求,体现公众环境保护意志;有权参与环境行政决策,监督和制约环境行政行为,防止环境决策违背或者偏离社会公共利益,推动决策的效率性和科学性。

第三节 环境社会治理法律制度的问题分析

我国很早就意识到政府力量是有限的,认识到环境保护不能只靠政府,还需要借助社会的力量,需要"依靠群众,大家动手,保护环境,造福人民"。基于这样的认识,我国在不断尝试完善环境社会治理法律制度建设。

一、环境信息公开制度的问题分析

环境信息公开是多元社会主体参与环境保护的前提条件,是社会公众和政府、企事业单位等沟通和协商的基本保障。环境信息公开作为一项法律制度,最早出现在1999年的《大气污染防治法》中,该法明确了大、中城市政府环境保护行政主管部门定期发布大气环境质量状况公报的义务和逐步开展大气环境质量预报工作的义务。2002年的《清洁生产促进法》对企业的环境信息公开义务作出规定。此后,《环境影响评价法》(2002年)、《环境保护法》(2014年)都明确了环境信息公开制度的法律地位。《关于企业环境信息公开的公告》《环境影响评价公众参与暂行办法》《政府信息公开条例》《环境信息公开办法(试行)》《企业事业单位环境信息公开办法》《关于加强上市公司环境保护监督管理工作的指导意见》《国家重点监控企业自行监测及信息公开办法(试行)》等进一步细化了环境信息公开制度的内容。

2014年4月修订的《环境保护法》对环境信息公开制度作出了详细规定。其第五十四条明确了政府的环境信息公开义务,并规定:"国务院环境保护主管部门统一发布国家环境质量、重点污染源监测信息及其他重大环境信息。省级以上人民政府环境保护主管部门定期发布环境状况公报。县级以上人民政府环境保护主管部门和其他负有环境保护监督管理职责的部门,应当依法公开环境质量、环境监测、突发环境事件以及环境行政许可、行政处罚、排污费的征收和使用情况等信息。县级以上地方人民政府环境保护主管部门和其他负有环境保护监督管理职责的部门,应当将企业事业单位和其他生产经营者的环境违法信息记入社会诚信档案,及时向社会公布违法者名单"。其第五十五条明确了企业的环境信息公开义务,并规定:"重点排污单位应当如实向社会公开其主要污染物的名称、排放方式、排放浓度和总量、超标排放情况,以及防治污染设施的建设和运行情况,接受社会监督"。其第五十六条对企业和政府在环境影响评价过程中的环境信息公开义务提出要求,并规定:"对依法应当编制环境影响报告书的建设项目,建设单位应当在编制时向可能受影响的公众说明情况,充分征求意见。负责审批建设项目环境影响评价文件的部门在收到建设项目环境影响报告书后,除涉及国家秘密和商业秘密的事项外,应当全文公开;发现建设项目未充分征求公众意见的,应当责成建设单位征求公众意见"。根据2014年4月修订的《环境保护法》的规定,环境信息公开主体有两个:一个是政府;另一个是企事业单位。政府是最主要的环境保护主体,通过排污许可、环境监测、征收环境保护税等环节,掌握着大量的环境信息,也是最重要的环境信息公开主体;企事业单位是环境的开发利用主体,对各自环境行为以及环境行为影响下的环境质量状况比较熟悉和了解,是重要的环境信息公开主体。除政府和企事业单位外,社会公众也应当作为环境信息公开的主体。社会公众虽然往往不具备环境监测的能力,其对环境质量的感知多为感性认识,缺少一定的科学性,但是其传递的环境信息可以引起政府、企事业单位等的关注,对环境保护发挥着重要的作用。政府、企事业单位环境信息公开制度建设的不完善，社会公众环境信息公开制度建设的缺失，必然会制约环境社会治理的效果。

（一）政府、企事业单位环境信息公开制度建设的不完善

政府是环境信息资源最重要的掌握者，"政府不仅掌握行政执法过程中形成的环境信息，而且掌握由各级环境监测站日常监测形成的环境信息及排污单位自行检测的环境信息"①。政府通过行使环境行政权力，能够自下而上、自上而下地收集环境信息，并对环境信息进行加工处理。统计显示，"目前我国信息数据资源80％以上掌握在各级政府部门手里，未能与社会共享"②，这导致社会公众对与自己切身利益相关的环境信息的了解极为有限，既不利于公众保护自身的利益，也弱化了公众对环境治理的监督。

政府依法主动、全面、及时公布环境信息，有助于提高生态环境保护工作的透明度，推进法治政府建设；有助于引导社会形成崇尚生态文明、保护生态环境的社会氛围。近年来，我国政府环境信息公开取得了显著的成效，在一定程度上保障了公民的环境知情权、参与权和监督权，但该制度仍然存在一些需要完善的地方。

首先，政府环境信息公开完整与否的判断标准不明确。《环境信息公开办法（试行）》列举了17种应当在职责权限范围内向社会主动公开的政府环境信息，但是并没有明确这17种信息应当包含的基本内容。

其次，政府环境信息缺少统一的公开渠道。当前，我国政府环境信息公开多采用"环保部门网站设立环境信息公开模块，以政府公报的形式在媒体上公示、召开新闻发布会、听证会，官方微博互动，环境信息实时发布平台等多种方式"①，环境信息公开渠道不统一，公众获取有效信息的成本

---

① 贾利佳,钟卫红.政府环境信息公开的现状、问题及展望[J].汕头大学学报(人文社会科学版),2018(2):74-80.

② 新华社.建设网络强国的时间表和路线图：《国家信息化发展战略纲要》解读[EB/OL].(2016-07-27)[2022-08-25]. http://www.gov.cn/zhengce/2016-07/27/content_5095367.htm.

比较高。

(二) 社会公众环境信息公开制度建设的缺失

政府、企事业单位和其他生产经营者垄断环境信息来源存在较多的问题。一是政府利益、企事业单位和其他生产经营者利益与社会公众的环境利益不总是一致的。政府在实现多种经济社会发展目标的过程中,对环境利益的关注往往是有限的;在经济利益最大化的思维模式下,企事业单位和其他生产经营者可能会想方设法将环境成本外部化。二是政府会选择节约成本的方式收集环境信息,不可避免影响到环境信息的质量,收集到的环境信息可能会失真。加强社会公众环境信息公开制度建设,允许社会公众合法收集并公布环境信息,能够部分弥补政府、企事业单位和其他生产经营者环境信息公开的弊端。不过,我国目前缺少保护社会公众环境信息公开的法律制度设计。

二、环境保护公众参与制度的缺陷分析

环境保护公众参与是环境民主的表现形式之一。公众参与"缓解了政府、企业和公众之间严重的信息不对称状况,进一步促使更多的社会力量参与决策和实施,分担改善环境质量的责任,使环境管理实现由公主体对私主体的单向管理向多元主体的合作治理转变"[①]。环境保护公众参与有助于正向宣传国家的环境政策,提高公民的环境保护意识,促进公民自觉参与环境保护;有助于整合社会资源开展环境治理,节约政府环境保护财政投入;有助于将公民的环境保护意见和要求真实反映给政府和企业,增进公民与政府、企业之间的理解与合作,协同环境治理行为,促进社会和谐。

环境保护公众参与作为一项法律制度,最早出现在 1996 年修正的《水污染防治法》第十三条中。该条规定:"环境影响评价报告书中,应当有该建设项目所在地居民的意见。"这是环境保护公众参与制度发展的雏形。2002 年出台的《环境影响评价法》对公众参与的对象、参与主体、参与方式等作出概括性规定,这标志着我国环境保护公众参与制度

---

① 皮里阳.论我国第二代环境法的主要特征[J].清华法治论衡,2014(3):177-188.

的正式确立。此后,《行政许可法》、《环境保护行政许可听证暂行办法》、《规划环境影响评价条例》、《环境保护法》(2014年4月修订)、《环境保护公众参与办法》、《环境影响评价公众参与办法》等陆续出台。从形式上看,现行法律已经对环境保护公众参与制度作出了较为详实的规定。但是从实质内容上看,我国的环境保护公众参与制度并不完善,还有很大的改善空间。

首先,环境保护公众参与程序不完善。我国环境保护公众参与法律多缺乏可操作性。2014年4月修订的《环境保护法》第五十三条只提出"完善公众参与程序,为公民、法人和其他组织参与和监督环境保护提供便利",但对完善公众参与的形式缺少明确的细则性规定。2015年通过的《环境保护公众参与办法》第四条也仅仅对"征求意见、问卷调查,组织召开座谈会、专家论证会、听证会"等公众参与方式提出原则性的要求,并没有形成细化的具体行动指南或者方案。

其次,缺少保障公众全过程参与环境保护的内容。环境保护中的公众参与应当是全程性参与,从前端预防、中端实施到末端治理都应当囊括公众参与。但是,现行法律规定的公众参与主要是前端预防性参与,中端实施过程性参与、末端治理参与缺少相应的规定。

再次,环境保护公众参与责任规定缺失。2014年4月修订的《环境保护法》规定了环境保护公众参与制度,但是没有规定违反该制度后的法律责任。

最后,公益性民间环境保护组织设置门槛过高。公益性民间环境保护组织是重要的环境治理参与主体。"它们能发挥其贴近群众、组织有序、专业性强的优势,以最灵活、快速的方式对危机做出积极反应,有效地弥补政府官僚组织结构的固有缺陷。"①随着我国公民社会的逐渐成熟,公益性民间环境保护组织在环境治理中发挥的作用将越来越重要,国家应当鼓励这类组织的设立。

---

① 于鹏,李宇环.地方政府协作治理模式:基于战略问题的类型学分析[J].行政论坛,2016(4):42-46.

第四节　环境社会治理法律制度的完善建议

环境社会治理是对环境民主理念的具体落实,强调政府、企事业单位、社会公众等多元主体参与环境管理、决策、保护过程,"通过上下互动的参与、交流和沟通,以及各个社会主体之间的协商与合作"进行利益博弈,进而实现"环境与资源开发、利用和保护中各种利益诉求和价值主张的均衡与共赢"①。在环境社会治理过程中,"各个社会主体之间的良性互动和社会合作不仅可以促进环境资源开发、利用和保护的生态实践理性的达成,而且还有助于凝聚环境公共治理的社会资源,形成公共治理的社会合力,推动环境与资源开发、利用和保护的社会公共治理目标的实现"①。

环境社会治理法律制度赋予多元环境治理主体"以更多的利益表达、价值诉求和发展机会的积极权利,并将社会公众关于环境问题的对话、沟通与协商纳入法治化的渠道"①,有力地保障了环境民主理念的落实。推动环境社会治理的深入发展,应当加强环境社会治理法律制度建设,完善环境信息公开制度和环境保护公众参与制度。

一、加强环境信息公开制度建设

如果环境信息不公开或者不如实公开,社会公众往往无法获知环境质量的真实信息。在这种情况下,社会公众既无法对环境损害或者环境危险作出合理的判断,也无法对政府、企业事业单位和其他生产经营者的环境行为进行有效监督。发挥环境信息公开制度的最大效用,需要完善该项制度,同时需要政府、企业、公众等主体积极配合、依法办事。

(一) 构建完善的政府环境信息公开制度

构建完善的政府环境信息公开制度,需要政府牢固树立环境民主的理念,遵从必要性原则,合理确定环境行政行为的边界,增强环境信息公开的透明性。

---

① 柯坚.我国《环境保护法》修订的法治时空观[J].华东政法大学学报,2014(3):17-28.

首先，明确环境信息完整性的判断标准。其具体内容包括：对环境信息进行归类，明确不同类型的环境信息在公开时应当具备的核心内容，避免政府仅以形式公开的方式回避环境信息实质内容的公开，保障所公开的环境信息的完整性等。

其次，统一政府环境信息公开渠道。除了允许政府通过公报、新闻发布会、报刊、广播等便民形式公开环境信息，政府还应当建立统一的全国环境信息公开平台；可以借鉴最高人民法院"中国裁判文书网"的模式，将各级环境保护主管机关依职权获取的环境信息上传到全国信息公开平台上，并保持数据的持续更新，这样既能保证所公开的环境信息的准确性、全面性，也有助于节约公众查阅环境信息的成本。

（二）建立公众环境信息公开制度

在很多情况下，公众往往比政府、企业等更早地掌握环境质量状况变化的信息。当一些公众缺乏必要的渠道来发布可能发生、正在发生或者已经发生的环境质量状况变化信息时，政府、企业和社会公众常常无法及时获知这类信息，并因相关信息缺失而无法在第一时间做出响应，这不利于环境保护工作的及时开展。公众环境信息公开制度的核心要义是强化对公众环境信息披露行为的保护，避免公众因善意发布环境信息而承担法律责任。

二、加强环境保护公众参与制度建设

环境保护公众参与的程度是一国环境民主水平的和环境治理现代化水平的重要体现。解决我国环境保护公众参与制度存在的问题，应从以下几个方面入手。

首先，完善环境保护公众参与的程序。其具体包括以下三个方面：一是应当细化环境保护公众参与主体选取规则，秉持广泛性原则，科学确定政府代表、人大代表、政协代表、企业代表、利益相关者、环保专家、普通公众等在公众参与过程中各自所占的比例，采用随机遴选的方式来选择环保专家、普通公众；二是应当明确环境保护公众参与的具体方式，以及每种方式的具体实施方案，保障环境保护参与主体充分享有平等对话协商的机会；三是应当明确公众参与环境保护的秩序维护规则，明确环境保护参与主体应当遵循的基本秩序规则,保障参与秩序。

其次,完善公众参与环境保护全过程的要求。在环境保护过程中,国家不只是需要完善前端预防过程中的公众参与,还要落实中端实施、末端治理过程中的公众参与,这样才能发挥公众参与的最佳效果,监督政府、企业审慎进行环境治理。

再次,构建环境保护公众参与责任规则。其具体包括以下方面:明确政府、企事业单位等主体违反环境保护公众参与制度的处罚性措施,根据违法主体、违法情形、违法程度的不同设置相应的政治责任、法律责任,增强环境保护公众参与制度的权威性,发挥制度的威慑力。

最后,降低公益性民间环境保护组织的设置门槛。我国应当适度降低公益性民间环境保护组织设置门槛,鼓励社会公众设立公益性民间环境保护组织,并保障这类组织法律地位的独立性;应当明确公益性民间环境保护组织的权利和义务;应当拓宽公益性民间环境保护组织接受捐赠的渠道,鼓励社会力量资助该类组织建设。

第六章　环境损害救济法律制度建设

环境损害的内涵既限定了环境损害救济的内容,也限定了环境损害救济法律制度涉及的范围。但是,目前国外学界对环境损害的概念还没有形成统一的认识。法国学者 M. Depax 提出,环境损害指的是区别传统环境侵权致人之损害和因该侵权行为而伴随的人之外的纯粹环境损害事实。德国 Rehbinder 教授把环境损害定义为对水、土壤、空气、气候、植物和动物以及它们之间的相互关系的侵害。美国于 1990 年制定的《油污法》将环境损害界定为对自然资源的侵害、破坏、丧失或者丧失对自然资源的使用,包括损害评估的合理费用。欧洲委员会于 2004 年出台的《关于预防和补救环境损害的环境责任指令》将环境损害界定为直接或者间接地对自然资源造成的可衡量的不利变化或者对自然资源功能造成的可衡量的减损,包括对达到或者维持受保护物种和自然栖息地的良好保护状态造成任何重大不利影响,对水体的生态、化学及生态潜力造成的任何重大不利影响,对人体健康产生重大威胁的任何土地污染等。[①] 从上述表述可以看出,国外对环境损害的界定指的是对组成环境的各要素以及生态系统的损害,不包括对人的生命健康权、财产权的损害,环境损害的后果包括环境要素污染、生态功能减损等。

2014 年 4 月修订的《环境保护法》对"环境"一词进行了界定,但没有界定"环境损害"一词的内涵。其第二条规定:"本法所称环境,是指影响人类生存和发展的各种天然的和经过人工改造的自然因素的总体,包括大气、水、海洋、土地、矿藏、森林、草原、湿地、野生生物、自然遗迹、人文遗

---

① 鄢斌,吕忠梅.论环境诉讼中的环境损害请求权[J].法律适用,2016(2):18-23.

迹、自然保护区、风景名胜区、城市和乡村等。"目前,国内环境法学者和环境司法实践普遍认为,环境损害是"对环境的损害",或者是对环境公共利益所造成的损害。

第一节 环境损害救济法律制度的演变特征

我国的环境损害救济法律制度建设经历了一个从无到有、从普通化到专门化的过程,而且随着环境司法实践经验的不断积累,环境损害救济法律制度也在不断丰富和发展,在环境保护中发挥着越来越重要的作用。

一、从关注环境私益救济转向环境公共利益救济

我国对环境损害救济的认识经历了一个逐渐明晰的过程。起初,我国主要采用民事法律制度,通过民事救济措施,对因环境损害而导致的人身权、财产权损失进行救济。这种救济针对的仅仅是受到损害的公民的私人权益,受损的环境公共利益并没有获得补偿。随着我国环境问题的日益凸显,以及对环境作为一种公共利益认识的不断深入,我国逐渐认识到"环境侵权行为可能同时导致他人的人身或财产损失和生态环境的破坏,而生态环境的破坏,尤其是环境要素变化、生态服务功能减损、生物多样性减少等后果可能无法归于具体的民事主体,涉及人类利益或者代际利益,这些利益也不可能完全纳入具有个别性、实际性等特征的侵权责任范畴"[①]。在认识深化的基础上,我国的环境损害救济对象逐渐转向受损的环境公共利益,通过公力救济措施保护受损的环境,改善环境质量。

二、从环境司法普通化到环境司法专门化

长期以来,我国按照民事诉讼、行政诉讼、刑事诉讼分离的审判模式,实施环境审判普通化。环境民事案件主要由法院的经济审判庭进行审判,环境行政案件主要由法院的行政审判庭进行审判,环境刑事案件主要

---

① 吕忠梅,窦海阳. 民法典"绿色化"与环境法典的调适[J]. 中外法学,2018(4):862-882.

由法院的刑事审判庭进行审判,涉海类环境案件主要由海事法院进行审判。这些审判组织在审理环境案件中,并没有将环境案件视为与其他类型案件有重大区别的案件。经济审判庭、行政审判庭、海事法院审理环境案件的思维模式往往固定在民事救济、行政救济方面,对环境本身的关注度不够,经验储备也不足。随着对环境损害认识的深化、对环境审判普通化局限性认识的深入、环境司法需求的大大增加和环境法制建设的深入发展,建立专门环境审判法庭的呼声越来越高。2007年11月,贵州省成立了我国第一个环保法庭,成为环境司法专门化的开端。2014年6月,最高人民法院设立环境资源审判庭,同时颁布了《关于全面加强环境资源审判工作为推进生态文明建设提供有力司法保障的意见》,环境司法正式走上专门化的发展道路。据统计,截至2021年12月底,全国31个省、自治区、直辖市人民法院设立环境资源专门审判机构2 149个,其中环境资源审判庭649个,合议庭(审判团队)1 285个,人民法庭(巡回法庭)215个。26个高级人民法院设立了专门环境资源审判庭。江苏、福建、贵州、海南、重庆等地基本建立了覆盖全省的三级法院环境资源审判组织体系。①

第二节 环境损害救济法律制度的价值取向

亚里士多德把正义划分为分配正义和矫正正义,分配正义是正义实现的初始状态,矫正正义是对分配正义的恢复。"在日常用语中,与矫正正义相关的正义概念一般包括报复正义、惩罚正义、赔偿正义、恢复正义等,但矫正正义是这些概念的统合,完整的矫正正义观念是多义的,它不仅指惩罚正义,而且包含赔偿正义,即'不仅涉及对违法者实施惩罚,而且也包括对负有责任的损害进行修复的责任'。"②

矫正正义是环境损害救济法律制度设置的核心价值理念,是通过追究环境违法行为者的法律责任,修复受损的环境,救济与补偿环境公共利

---

① 最高人民法院.中国环境司法发展报告:2021[EB/OL].(2022-07-01)[2022-08-07]. https://www.sohu.com/a/562837372_121357745.
② 马晶.环境正义的法哲学研究[D].长春:吉林大学,2005.

益,实现"正义与社会福利的双重目标"①。在环境保护过程中,矫正正义不只是对环境违法行为人的惩罚,更是对环境公共利益的补偿和恢复。但是,环境保护法实现矫正正义的方式与民商法、行政法、刑法等法律有很大不同。其他法律大都表现为以经济补偿为手段开展恢复性司法救济,而环境保护法则是以修复环境为目的开展恢复性司法救济,要求环境违法者承担法律责任的主要目的不是对其施加惩罚,而是迫使其履行环境治理责任,尽可能修复受损的环境,恢复环境秩序。对环境公共利益而言,补偿环境损害和恢复环境原状更具有现实意义,是对环境公共利益的直接维护。

矫正正义既包括对于已经发生的环境损害的法律救济,也包括对正在发生的环境损害以及有发生损害之虞的环境损害的法律救济。例如,云南绿孔雀栖息地保护案就是我国首例对有发生损害之虞的环境损害提起环境公益诉讼案件。2017年3月,民间环保组织"野性中国"发现云南红河(元江)干流戛洒江一级水电站建设地点恰好位于极危物种绿孔雀的最后一片完整的栖息地。为此,民间环保组织北京市朝阳区自然之友环境研究所(以下简称"自然之友")、"山水自然保护中心"、"野性中国"向环境保护部(2018年3月撤销)发出紧急建议函,建议暂停云南红河流域水电工程项目。2017年11月6日,昆明市中级人民法院(以下简称"昆明中院")受理"自然之友"诉中国水电顾问集团新平开发有限公司(以下简称"新平公司")、中国电建集团昆明勘测设计研究院有限公司(以下简称"昆明设计院")环境污染责任纠纷案。"自然之友"诉称:水电工程淹没区所涉及的区域,是濒危野生动物绿孔雀在中国现有种群数量最大、密度最高的重要栖息地。水电站一旦蓄水,将导致绿孔雀栖息地被尽数淹没,极可能导致绿孔雀种群区域性灭绝。此外,该水电站配套的清库工程需砍伐河道两边树木、进行道路修(改)建等,也将危害生长在该区域的国家一级保护植物陈氏苏铁,破坏当地珍贵的干热河谷季雨林生态系统。云南省政府在2018年6月发布了《云南省生态保护红线》,将绿孔雀等26种珍稀

---

① 孙大伟.探寻一种更具解释力的侵权法理论:对矫正正义与经济分析理论的解析[J].当代法学,2011(2):77-83.

物种的栖息地划入生态保护红线。"自然之友"要求判令两被告立即停止该水电站建设,不得截流蓄水,不得对该水电站淹没区内植被进行砍伐等,并由两被告共同支付原告因本案产生的维护社会公共利益的合理费用及诉讼费用。昆明中院经审理认为:戛洒江一级水电站的淹没区是绿孔雀栖息地,一旦淹没很可能会对绿孔雀的生存造成严重损害。同时,戛洒江一级水电站的《环境影响报告书》未对陈氏苏铁进行评价,新平公司也未对陈氏苏铁采取任何保护性措施。戛洒江一级水电站若继续建设,将使该区域珍稀动植物的生存面临重大风险。2020年3月20日,昆明中院据此作出一审判决:被告新平公司立即停止基于现有环境影响评价下的戛洒江一级水电站建设项目,不得截流蓄水,不得对该水电站淹没区内植被进行砍伐;对戛洒江一级水电站的后续处理,待被告新平公司按生态环境部要求完成环境影响后评价,采取改进措施并报生态环境部备案后,由相关行政主管部门视具体情况依法作出决定;由被告新平公司向原告"自然之友"支付为诉讼产生的合理费用8万元。宣判后,"自然之友"和新平公司均提起上诉。2020年12月31日,云南省高级人民法院判决驳回上诉,维持原判。①

矫正正义的实现不只是通过传统的停止侵害、排除妨碍、消除危险、赔偿损失等方式实现,随着社会的发展,更多行之有效的正义实现方式开始被采用。例如,"自然之友"诉现代汽车(中国)投资有限公司(以下简称"现代汽车")大气污染责任纠纷案是将慈善信托机制引入公益诉讼专项资金制度的环境公益诉讼案,该案探索了通过运用灵活多样化的手段来实现环境保护的终极目的。北京市环境保护局在对现代汽车自韩国进口的全新胜达3.0车型进行车辆环保一致性抽检时发现,现代汽车自2013年3月1日至2014年1月20日进口中国并在北京地区销售的该类车型,其排气污染数值中的颗粒物一项数值超过北京市第五阶段机动车排放地方标准的限值。2016年5月11日,"自然之友"针对现代汽车的以上违法行为,向北京市第四中级人民法院提起环境公益诉讼。经北京市第四中级人民法院调解,双

---

① 张贵志.云南绿孔雀案终审:体现"保护优先,预防为主"原则[EB/OL].(2021-01-07)[2022-08-07]. http://www.legalweekly.cn/hbfz/2021-01/07/content_8400835.html.

方自愿达成调解协议。该协议对现代汽车已经停止销售违规排放污染物的全新胜达3.0车辆的行为进行了确认,要求现代汽车对其在北京地区售出的全部此类车辆予以维修并达到排放标准。根据该协议的要求,现代汽车向信托受托人长安国际信托股份有限公司交付信托资金120万元,用于保护、修复大气环境、防治大气污染,支持环境公益事业;现代汽车就该案所涉及销售车辆不符合排放标准一事向社会公众致歉,并承诺支持环境公益事业。在该案中,现代汽车以公益诉讼赔偿金为信托财产,设立专项慈善信托,借助信托机构的资金管理经验,充分发挥公益诉讼赔偿金的资金效用;北京市第四中级人民法院对该项信托设立由公益组织代表、环境专家、法学专家组成的信托决策委员会,作为信托监察人,切实保障信托资金真正用于保护、修复大气环境、防治大气污染,支持环境公益事业的目的;由现代汽车出资修建充电桩从而间接实现保护大气环境的目的,进一步拓展了替代性修复的方式,从而突破了传统的矫正正义的实现方式。

第三节　环境损害救济法律制度的问题分析

公民、企事业单位在生产经营过程中有时会基于经济利益最大化的考虑,不遵守或者不严格遵守环境保护法的规定,通过环境违法行为实现环境成本外部化,在这种情况下,就产生了环境责任承担问题。

一、生态环境损害责任追究制度缺陷分析

生态环境损害责任追究是实现生态文明的一种重要手段,也是"建设中国特色的生态民主政治的重要路径,是提升政府生态责任心、生态公信力和生态执行力的重要保障"[①]。

早在2013年11月,中国共产党第十八届中央委员会第三次全体会议通过的《中共中央关于全面深化改革若干重大问题的决定》就提出,要

---

① 黄爱宝.论生态行政中的引咎辞职制度[J].南京工业大学学报(社会科学版),2014(1):31-38.

建立生态环境损害责任终身追究制,此后生态环境损害责任追究制度逐步确立起来。2015年8月,中共中央办公厅、国务院办公厅印发了《党政领导干部生态环境损害责任追究办法(试行)》,对生态环境损害责任追究制度作出了全面规定,该办法是当前我国生态环境损害责任追究的主要依据。《党政领导干部生态环境损害责任追究办法(试行)》第十条规定:"党政领导干部生态环境损害责任追究形式有:诫勉、责令公开道歉;组织处理,包括调离岗位、引咎辞职、责令辞职、免职、降职等;党纪政纪处分。组织处理和党纪政纪处分可以单独使用,也可以同时使用。追责对象涉嫌犯罪的,应当及时移送司法机关依法处理。"①

2015年9月,中共中央、国务院印发的《生态文明体制改革总体方案》提出了生态环境损害责任终身追究制的总体实施目标,即"实行地方党委和政府领导成员生态文明建设一岗双责制。以自然资源资产离任审计结果和生态环境损害情况为依据,明确对地方党委和政府领导班子主要负责人、有关领导人员、部门负责人的追责情形和认定程序。区分情节轻重,对造成生态环境损害的,予以诫勉、责令公开道歉、组织处理或党纪政纪处分,对构成犯罪的依法追究刑事责任。对领导干部离任后出现重大生态环境损害并认定其需要承担责任的,实行终身追责。建立国家环境保护督察制度"②。

2016年以后,我国在河流湖泊保护、生态红线保护、国家公园建设等方面提出了生态环境损害责任追究制度的具体建设要求。2016年12月,中共中央办公厅、国务院办公厅印发了《关于全面推行河长制的意见》,提出河湖管理保护"实行生态环境损害责任终身追究制,对造成生态环境损害的,严格按照有关规定追究责任"③。2017年2月,中共中央办公厅、国务院办公厅印发的《关于划定并严守生态保护红线的若干意见》要求严守生态保护红线,严格责任追究,"对违反生态保护红线管控要求、造成生态

---

① 中共中央办公厅,国务院办公厅.党政领导干部生态环境损害责任追究办法(试行)[J].中国应急管理,2015(8):37-38.
② 中共中央,国务院.生态文明体制改革总体方案[EB/OL].(2015-09-21)[2022-08-10]. http://www.gov.cn/guowuyuan/2015-09/21/content_2936327.htm.
③ 中共中央办公厅,国务院办公厅.关于全面推行河长制的意见[EB/OL].(2016-12-11)[2022-08-10]. http://www.gov.cn/xinwen/2016-12/11/content_5146628.htm.

破坏的部门、地方、单位和有关责任人员,按照有关法律法规和《党政领导干部生态环境损害责任追究办法(试行)》等规定实行责任追究。对推动生态保护红线工作不力的,区分情节轻重,予以诫勉、责令公开道歉、组织处理或党纪政纪处分,构成犯罪的依法追究刑事责任。对造成生态环境和资源严重破坏的,要实行终身追责,责任人不论是否已调离、提拔或者退休,都必须严格追责"①。2017年9月,中共中央办公厅、国务院办公厅印发的《建立国家公园体制总体方案》要求完善责任追究制度,"强化国家公园管理机构的自然生态系统保护主体责任,明确当地政府和相关部门的相应责任。严格落实考核问责制度,建立国家公园管理机构自然生态系统保护成效考核评估制度,全面实行环境保护'党政同责、一岗双责',对领导干部实行自然资源资产离任审计和生态环境损害责任追究制。对违背国家公园保护管理要求、造成生态系统和资源环境严重破坏的要记录在案,依法依规严肃问责、终身追责"②。2018年1月中共中央办公厅、国务院办公厅印发的《关于在湖泊实施湖长制的指导意见》提出:"实行湖泊生态环境损害责任终身追究制,对造成湖泊面积萎缩、水体恶化、生态功能退化等生态环境损害的,严格按照有关规定追究相关单位和人员的责任。"③

2019年10月中国共产党第十九届中央委员会第四次全体会议通过的《中共中央关于坚持和完善中国特色社会主义制度、推进国家治理体系和治理能力现代化若干重大问题的决定》提出:"严明生态环境保护责任制度。建立生态文明建设目标评价考核制度,强化环境保护、自然资源管控、节能减排等约束性指标管理,严格落实企业主体责任和政府监管责任。开展领导干部自然资源资产离任审计。推进生态环境保护综合行政执法,落实中央生态环境保护督察制度。健全生态环境监测和评价制度,完善生态环境公益诉讼制度,落实生态补偿和生态环境损害赔偿制度,实

---

① 中共中央办公厅,国务院办公厅.关于划定并严守生态保护红线的若干意见[EB/OL].(2017-02-07)[2022-08-10].http://www.gov.cn/zhengce/2017-02/07/content_5166291.htm.
② 中共中央办公厅,国务院办公厅.建立国家公园体制总体方案[EB/OL].(2017-09-26)[2022-08-10].http://www.gov.cn/zhengce/2017-09/26/content_5227713.htm.
③ 中共中央办公厅,国务院办公厅.关于在湖泊实施湖长制的指导意见[EB/OL].(2018-01-04)[2022-08-10].http://www.gov.cn/zhengce/2018-01/04/content_5253253.htm.

行生态环境损害责任终身追究制。"①

2016年以后,在中央加强生态环境损害责任追究制度建设的同时,一些地方开始落实中央有关生态环境损害责任追究制度的要求,出台了大量地方性法律文件,如《山东省党政领导干部生态环境损害责任追究实施细则(试行)》《湖北省实施〈党政领导干部生态环境损害责任追究办法(试行)〉细则》《江西省党政领导干部生态环境损害责任追究实施细则(试行)》《黑龙江省党政领导干部生态环境损害责任追究实施细则(试行)》《青海省党政领导干部生态环境损害责任追究实施细则(试行)》《云南省各级党委、政府及有关部门环境保护工作责任规定(试行)》《宁夏回族自治区党政领导干部生态环境损害责任追究实施细则(试行)》等。

随着生态环境损害责任追究制度建设的不断加强,对负有环境损害责任的领导干部进行责任追究的实践也在深入开展。2016年7月至8月,第一批8个中央环境保护督察组对内蒙古、黑龙江、江苏、江西、河南、广西、云南、宁夏8省区开展环境保护督察,并于2016年11月完成督察反馈,同步移交了100个生态环境损害责任追究问题,要求地方进一步核实情况,严肃问责。截至2017年11月,8省区共问责1140人,其中,厅级干部130人。②

生态环境损害责任追究制度是加快推进生态文明建设、健全生态文明制度体系的一项重要制度。随着生态文明建设的深入开展,以及生态环境损害责任追究制度的持续运用,这一制度存在的一些缺陷也逐渐显露出来。

首先,相关法律法规中不同种类生态环境损害责任追究形式的适用条件有待理清。根据中共中央办公厅、国务院办公厅印发的《党政领导干部生态环境损害责任追究办法(试行)》,党政领导干部生态环境损害责任追究形式有:诫勉、责令公开道歉;组织处理,包括调离岗位、引咎辞职、责令辞职、免职、降职等;党纪政纪处分。根据《中华人民共和国公务员法》

---

① 中共中央.中共中央关于坚持和完善中国特色社会主义制度、推进国家治理体系和治理能力现代化若干重大问题的决定[J].农村工作通讯,2019(21):4-13.
② 中央纪委,国家监委.8省区130名"厅官"因环保问题被问责[EB/OL].(2017-11-16)[2022-08-25].http://www.ccdi.gov.cn/yaowen/201711/t20171116_150752.html.

《中华人民共和国法官法》《中华人民共和国检察官法》和《行政机关公务员处分条例》等的规定,公务员的行政纪律处分种类包括警告、记过、记大过、降级、撤职、开除六种。2014年4月修订的《环境保护法》规定的行政领导干部环境违法行为的纪律处分种类包括记过、记大过、降级、撤职、开除、引咎辞职。相关法律法规只罗列了生态环境损害责任追究形式,并没有明确不同种类生态环境损害责任追究形式的适用条件。

其次,生态环境损害责任主体有待进一步明确。以相关法律法规都作出规定的环境保护引咎辞职制度为例,根据2014年4月修订的《环境保护法》第六十八条的规定,环境保护引咎辞职的主体为"地方各级人民政府、县级以上人民政府环境保护主管部门和其他负有环境保护监督管理职责的部门"的"直接负责的主管人员和其他直接责任人员",由此分析,"县级环保局党政正副职、县级政府主管环保局的主要负责人,因其存在严重失职、失误的过失行为,则应当引咎辞职。市级、省级同样类推,同级环保主管部门党政正副职、同级政府主管环保部门的主要负责人都应当引咎辞职。当发生全国性的重大环境污染事件时,国务院环保部门有关负责人对其发生也存在着严重失误、失职的过失行为之时,亦应当引咎辞职"①。2014年4月修订的《环境保护法》第六条第二款规定:"地方各级人民政府应当对本行政区域的环境质量负责。"上述两个法条表明,一方面,环境保护是地方政府的责任;另一方面,环境保护不利时,环保主管部门党政正副职、同级政府主管环保部门的主要负责人引咎辞职,而负有全面领导责任的地方党政一把手却没有被要求引咎辞职。

二、生态环境损害赔偿制度问题分析

生态环境损害是指因污染环境、破坏生态造成大气、地表水、地下水、土壤、森林等环境要素和植物、动物、微生物等生物要素的不利改变,以及上述要素构成的生态系统功能退化。生态环境损害是对生态文明理念的践踏,也是对环境公共利益的严重破坏。为了救济受损的环境公共利益,

---

① 鄢斌.论环保官员的引咎辞职[C].2014年全国环境资源法学研讨会(年会)论文集(第三册),2014.

破解长期以来存在的"企业污染、群众受害、政府买单、生态破坏"①的困局,"弥补生态环境损害救济制度缺失"②,我国开始探索建立生态环境损害赔偿制度。

  2015年12月,中共中央办公厅、国务院办公厅印发了《生态环境损害赔偿制度改革试点方案》,选择吉林、山东、江苏、湖南、重庆、贵州、云南7个省市开展改革试点工作,赋予试点地省级人民政府作为生态环境损害赔偿权利人,要求对试点地发生的"较大及以上突发环境事件""在国家和省级主体功能区规划中划定的重点生态功能区、禁止开发区发生环境污染、生态破坏事件""其他严重影响生态环境事件"追究加害人的生态环境损害赔偿责任,力图"通过试点逐步明确生态环境损害赔偿范围、责任主体、索赔主体和损害赔偿解决途径等,形成相应的鉴定评估管理与技术体系、资金保障及运行机制,探索建立生态环境损害的修复和赔偿制度,加快推进生态文明建设"。③ 在总结各地区改革试点实践经验基础上,为进一步在全国范围内加快构建生态环境损害赔偿制度,2017年12月,中共中央办公厅、国务院办公厅印发了《生态环境损害赔偿制度改革方案》,要求在全国范围内试行生态环境损害赔偿制度,进一步探索完善生态环境损害赔偿制度,赔偿权利人由省级人民政府扩大至市地级人民政府,规定了生态环境损害赔偿诉讼规则、生态环境修复与损害赔偿的执行和监督、生态环境损害鉴定评估、生态环境损害赔偿资金管理等内容,提出生态环境损害赔偿以赔偿磋商为前置程序,磋商达成的协议经司法确认后具有法律强制力;磋商未达成一致协议的,赔偿权利人及其指定机构应当向人民法院提起民事公益诉讼。生态环境损害赔偿责任承担方式包括支付生态环境修复费用、清除污染费用,赔偿生态环境复期间服务功能损失、生态环境功能永久性损害损失,支付其他调查、鉴定评估等合理费用。④ 生

---

  ① 吕忠梅.论生态文明建设的综合决策法律机制[J].中国法学,2014(3):20-33.
  ② 史玉成.生态环境损害赔偿制度的学理反思与法律建构[J].中州学刊,2019(10):85-92.
  ③ 中共中央办公厅,国务院办公厅.生态环境损害赔偿制度改革试点方案[EB/OL].(2015-12-03)[2022-08-02].http://www.gov.cn/zhengce/2015-12/03/content_5019585.htm.
  ④ 中共中央办公厅,国务院办公厅.生态环境损害赔偿制度改革方案[EB/OL].(2017-12-17)[2022-08-02].http://www.gov.cn/zhengce/2017-12/17/content_5247952.htm.

态环境损害赔偿制度一经提出即受到广泛关注,一些地方也开始了生态环境损害赔偿实践活动。

2017年12月,最高人民法院公布了《最高人民法院关于审理海洋自然资源与生态环境损害赔偿纠纷案件若干问题的规定》,为海洋自然资源与生态环境损害诉讼提供了审判依据。为落实《生态环境损害赔偿制度改革方案》的规定,2019年6月,最高人民法院公布了《最高人民法院关于审理生态环境损害赔偿案件的若干规定(试行)》,扩大了赔偿权利人的范围,规定"省级、市地级人民政府及其指定的相关部门、机构,或者受国务院委托行使全民所有自然资源资产所有权的部门"①可以作为原告提起生态环境损害赔偿诉讼,细化了生态环境损害赔偿诉讼管辖法院、合议庭组成、立案材料、举证责任分配、证据标准、民事责任承担形式等内容。

为加快推进生态文明建设,规范生态环境损害赔偿资金管理,2020年3月,财政部、自然资源部、生态环境部、住房城乡建设部、水利部、农业农村部、林草局、最高人民法院、最高人民检察院联合印发了《生态环境损害赔偿资金管理办法(试行)》。

2020年5月第十三届全国人民代表大会第三次会议通过的《民法典》"将生态环境损害赔偿的改革成果上升为国家基本法律的内容,从实体法的层面上确定了生态环境损害赔偿的法律制度"。②其第一千二百三十四条规定:"违反国家规定造成生态环境损害,生态环境能够修复的,国家规定的机关或者法律规定的组织有权请求侵权人在合理期限内承担修复责任。侵权人在期限内未修复的,国家规定的机关或者法律规定的组织可以自行或者委托他人进行修复,所需费用由侵权人负担。"《民法典》细化了生态环境损害赔偿的范围。其第一千二百三十五条规定:"违反国家规定造成生态环境损害的,国家规定的机关或者法律规定的组织有权请求侵权人赔偿下列损失和费用:(一)生态环境受到损害至修复完成期间服务功能丧失导致的损失;(二)生态环境功能永久性损害造成的损失;

---

① 最高人民法院. 最高人民法院关于审理生态环境损害赔偿案件的若干规定(试行)[EB/OL].(2019-06-05)[2022-08-02]. http://www.hncourt.gov.cn/public/detail.php?id=177804.

② 丁瑶瑶. 生态环境损害赔偿制度写入民法典[J]. 环境经济,2020(14):10-11.

(三)生态环境损害调查、鉴定评估等费用;(四)清除污染、修复生态环境费用;(五)防止损害的发生和扩大所支出的合理费用。"同时,《民法典》明确了生态环境损害赔偿的举证责任分配方式,即因污染环境、破坏生态发生纠纷,行为人应当就法律规定的不承担责任或者减轻责任的情形及其行为与损害之间不存在因果关系承担举证责任;规定了共同侵权发生时生态环境损害责任的分配原则,即两个以上侵权人污染环境、破坏生态的,承担责任的大小,根据污染物的种类、浓度、排放量,破坏生态的方式、范围、程度,以及行为对损害后果所起的作用等因素确定。

在经济学上,环境的金钱价值具有不确定性,生态环境损害导致的经济损失在一定程度上很难进行准确计量,在矫正正义实现的过程中,科学评估环境资源所遭受的损失一直是一个难点。在司法实践中,一些法院尝试运用科学方法合理确定生态资源损害赔偿责任额。例如,江苏省泰州市人民检察院诉王小朋等59人生态破坏民事公益诉讼案就是确定生态资源损害赔偿责任额的有益探索。2018年上半年,董瑞山等非法捕捞者在长江干流水域使用网目尺寸小于3毫米的禁用渔具非法捕捞长江鳗鱼苗并出售牟利。王小朋等非法收购者明知长江鳗鱼苗系非法捕捞所得,却单独收购并出售牟利,或者通过签订合伙协议、共同出资等方式建立收购鳗鱼苗的合伙组织,共同出资收购并统一对外出售,均分非法获利。秦利兵在明知王小朋等人向其出售的鳗鱼苗系在长江中非法捕捞的情况下,仍多次予以收购。2019年7月,泰州市人民检察院以王小朋、董瑞山、秦利兵等59人实施非法捕捞、贩卖、收购长江鳗鱼苗行为,破坏长江生态资源,损害社会公共利益为由提起民事公益诉讼,要求王小朋、董瑞山、秦利兵等59人对所造成的生态资源损害结果承担连带赔偿责任。江苏省南京市中级人民法院一审认为,董瑞山等非法捕捞者于禁渔期内,在长江干流水域多次非法捕捞长江鳗鱼苗,造成生物多样性损害,应当承担赔偿责任。王小朋等非法收购者与非法捕捞者之间形成了完整的利益链条,共同造成生态资源的损害,应当共同承担连带赔偿责任。一审判决,判令王小朋等13名非法收购者对其非法买卖鳗鱼苗所造成的生态资源损失连带赔偿850余万元;秦利兵、董瑞山等其他收购者、捕捞者根据其参与非法买卖或者捕捞的鳗鱼苗数量,承担相应赔偿责任或者与直接收购者承担连带赔偿责任。江苏省高级人民法院二审维持原判。该诉讼案是自2016年1月国家调整长江流域禁渔期以来,全国首例判令从捕捞、收购到贩卖长江鳗鱼苗"全链条"承担生态破坏赔偿责任的案件,充分体现了人民法院"用最严格制度最严密法治"①保护长江生态环境的决心和力度。该诉讼案适用七人制合议庭进行审理,通过采用专家出庭接受询问的方式,综合衡量生态破坏后果,科学计算得出生态资源损失,同时判决采用劳务代偿的方式折抵部分生态损害赔偿数额,为长江生态修复提供了有效路径,对维护长江地区生态安全,全面加强长江水生生物保护工作,形成人与自然和谐共生绿色发展格局具有重要积极意义。②

我国的生态环境损害赔偿制度虽然起步较晚,但是发展较快。生态环境部的相关数据显示,2015年至2020年,"全国各地办理了945件生态环境损害赔偿案件,涉及赔偿金额超过29亿元,推动修复受损生态环境,包括超过1 150万立方米土壤、2 000万平方米林地、600万平方米草地、4 200万立方米地表水体、46万立方米地下水体,促进清理固体废物约2.28亿吨"③。在看到生态环境损害赔偿制度建设取得的成绩的同时,我们也应当清醒地认识到,当前这一制度仍处于初级发展阶段,相关司法实践仍然在"摸着石头过河",这一制度距离成熟完善还有很长的路要走。

首先,生态环境损害赔偿制度在《环境保护法》中的地位尚未确立。虽然《民法典》已对生态环境损害赔偿制度作出了规定,但是该法对生态环境损害赔偿制度的规定太过笼统、原则性太强、操作性不强,还不能满足环境保护对该制度的现实需求。整体而言,我国生态环境损害赔偿制度仍处于探索完善阶段,制度实施的主要依据是作为规范性文件的《生态环境损害赔偿制度改革方案》。我国需要在不断总结实践经验的基础上,在《环境保护法》中明确生态环境损害赔偿制度的地位,并细化其具体内容。

其次,生态环境损害赔偿制度中索赔主体的请求权基础不明确。在

---

① 习近平.推动我国生态文明建设迈上新台阶[J].奋斗,2019(3):1-16.
② 最高人民法院.2019年度人民法院环境资源十大公益诉讼及生态环境损害赔偿案件类典型案例[EB/OL].(2020-05-15)[2022-08-21]. https://www.lawbus.net/articles/1220.html.
③ 丁瑶瑶.生态环境损害赔偿制度写入民法典[J].环境经济,2020(14):10-11.

我国,自然资源属于国家所有,国务院代表国家行使国家所有权,国务院授权省、市两级政府行使国家所有权,但这并不表明国家必然对环境享有所有权。我国法律普遍采用列举的方式进行表述,如"《宪法》第九条规定'矿藏、水流、森林、山岭、草原、荒地、滩涂等自然资源';而生态环境不仅包括自然资源要素,还包括各要素相互作用形成的生态系统及其整体功能等。国家对自然资源的所有权并不能涵盖对生态系统服务功能的所有权,也不能涵盖对空气、阳光等生态环境要素的所有权"①。

再次,生态环境损害赔偿责任的法律定位不清晰。由于作为生态环境损害请求权主体的政府具有所有权人、行政监管人双重身份,生态环境损害赔偿责任属于民事责任还是行政责任还存在很大争议。"一方面,生态环境损害赔偿责任因其可协商性、非行政强制性而具备民事责任的一般特征;另一方面,生态环境损害赔偿权利人是公权力主体,故生态环境损害赔偿义务人承担的责任具有行政责任的某些特征。"①

从次,生态环境损害赔偿磋商的法律性质不明确。为提高环境损害赔偿的实施效率,节约司法资源,《生态环境损害赔偿制度改革方案》将磋商作为生态环境损害赔偿诉讼的前置程序。在司法实践中,生态环境损害赔偿磋商程序被广泛采用,甚至出现了对磋商后签订的环境损害赔偿协议进行司法确认的案件,但是法院并没有认定因生态环境损害赔偿协议所形成的法律关系的性质。由于参与磋商的一方是政府机关,另一方是环境损害的加害人,生态环境损害赔偿磋商到底是属于民事法律关系还是属于行政法律关系,需要理清。

最后,生态环境损害赔偿诉讼和环境公益诉讼的衔接制度缺失。"在司法实践中,针对同一案由,往往出现省、市两级政府及其授权部门以'赔偿权利人'身份提起诉讼,社会组织以'环境公益诉讼原告'身份提起诉讼,检察机关以'公益诉讼的督促者、支持者'或'公益诉讼人'身份参与或

---

① 史玉成.生态环境损害赔偿制度的学理反思与法律建构[J].中州学刊,2019(10):85-92.

提起诉讼的诉讼堆叠、碰撞的情形。"①"由于这两种诉讼制度在诉讼主体、适用范围上都有差别,如何实现两者的有效衔接一直是困扰理论界和实务界的一道难题。"②《生态环境损害赔偿制度改革方案》仅仅提出由最高人民法院商有关部门根据实际情况制定指导意见予以明确,但是迄今为止,相关的指导意见也没出台,两种诉讼制度间有效衔接的规则尚未建立。

三、环境公益诉讼制度缺失分析

"公益诉讼,是指当公共利益受到侵害或有侵害之虞时,任何公民、团体或特定的国家均可向法院提起诉讼的制度。简而言之,是原告方为保护国家或公共利益而提起的诉讼,它是针对为全面提高个体利益而提起的个人诉讼或私益诉讼而言的。"③环境公益诉讼也被称作公民诉讼,源于美国1970年的《清洁空气法》。该法规定,任何人都可以自己的名义对包括美国政府、行政机关、公司、企业、各类社会组织以及个人按照《清洁空气法》的规定提起诉讼。此后,美国的《清洁水法》《噪声控制法》等环境保护法律规定了环境公益制度,这些实体法的规定与《联邦地区民事诉讼规则》相配合,共同构成了较为完整的环境公益诉讼制度。继美国之后,欧盟、加拿大、澳大利亚等主要发达国家和地区开始广泛借鉴这一制度。

"环境公益诉讼作为环境保护先进国家的成功经验,是充分发挥司法功能、鼓励公众参与、沟通企业与行政机关履行生态环境保护义务与职责的有效制度,也是环境保护必须建立的司法机制。"④近年来,伴随着我国环境司法体制改革和环境保护司法功能的提升,环境公益诉讼成为受关注的热点问题,移植国外环境诉讼制度的呼声越来越高。我国环境立法顺应法治建设开放性的要求,探索建立起环境公益诉讼制度,并在探索中

---

① 史玉成.生态环境损害赔偿制度的学理反思与法律建构[J].中州学刊,2019(10):85-92.
② 最高人民法院.人民法院保障生态环境损害赔偿制度改革典型案例[EB/OL].(2019-06-05)[2022-08-11].http://www.chinanews.com/gn/2019/06-05/8856645.shtml.
③ 陈阳.检察机关环境公益诉讼原告资格及其限制[M].济南:山东人民出版社,2009:135.
④ 吕忠梅,张忠民.环境司法专门化与环境案件类型化的现状[J].中国应用法学,2017(6):87-112.

逐步健全了诉讼规则,环境公益诉讼制度建设取得了显著成效。2012年8月修正的《民事诉讼法》正式确立了我国环境民事公益诉讼制度。2014年4月修订的《环境保护法》明确了可以提起环境公益诉讼的社会组织的主体资格。2015年1月,最高人民法院发布了《关于审理环境民事公益诉讼案件适用法律若干问题的解释》;同年6月,最高人民法院发布了《关于审理环境侵权责任纠纷案件适用法律若干问题的解释》;同年10月,最高人民法院、最高人民检察院发布了《关于办理环境污染刑事案件适用法律若干问题的解释》等。2017年6月修正的《民事诉讼法》和《行政诉讼法》明确了检察机关在环境民事公益诉讼和行政公益诉讼中的原告资格。2019年5月,《最高人民法院关于审理生态环境损害赔偿案件的若干规定(试行)》出台。

伴随着若干环境保护法律的修订,以及环境司法解释和司法政策的出台,我国环境公益诉讼案件增长迅速。2020年5月,最高人民法院发布的《中国环境司法发展报告2019》(绿皮书)显示,2019年,全国法院共受理检察机关提起的环境公益诉讼案件2 488件,审结1 947件。同比2018年,受理数增加686件,上升38.06%;审结数增加695件,上升55.51%。其中,受理检察民事公益诉讼一审案件491件,审结306件;受理检察行政公益诉讼一审案件355件,审结277件;受理检察刑事附带民事公益诉讼一审案件1 642件,审结1 370件。① 环境公益诉讼案件的迅速增加既反映出我国环境问题所面临的严峻形势,也反映出我国环境公益诉讼实践在持续开展。

环境公益诉讼制度是环境民主的直接落实,这一制度设立之初的目的是借助社会公众的力量,加强对环境行为的监督,满足公众对美好环境的需求。"环境公益诉讼是一种特别诉讼,是现代社会中公民共同行为的有机组成部分,'代表的是国家的政治意愿,即民权和共同体成员的主张和保护应当通过司法机制或正当组成或认可的裁判所得以救济和实施。基于此,通过提供政府第三职能,即在权力和重要程度上与立法、行政这

---

① 吕忠梅.中国环境司法发展报告:2019年[EB/OL].(2020-06-03)[2022-08-07]. http://jmszy.hljcourt.gov.cn/public/detail.php?id=3646.

两项职能地位相同的司法机关对公益作为回应的政府机制'。"①与国外的环境公益诉讼制度相比,我国的环境公益诉讼制度已经获得了极大拓展。在探索优化环境民事公益诉讼制度的基础上,为更好地救济受损的环境,我国也逐渐建立了环境行政公益诉讼制度和检察环境公益诉讼制度。

当前,我国环境行政公益诉讼制度和检察环境公益诉讼制度存在以下三个方面的缺失。

(一) 环境民事公益诉讼制度不完善

环境民事公益诉讼是"法定的组织和个人根据相关规定来对违反环境保护法律法规,对侵害公民环境权益的行为或组织向法院提起诉讼,要求通过诉讼来保护社会公众环境权益,由法院根据一定的流程来依法判处相关人员承担相应的民事责任的诉讼"。② 2012年8月,我国对《民事诉讼法》进行了第二次修正,正式确立了环境民事公益诉讼制度。该法第五十五条规定:"对污染环境、侵害众多消费者合法权益等损害社会公共利益的行为,法律规定的机关和有关组织可以向人民法院提起诉讼。" 2014年4月修订的《环境保护法》对环境公益诉讼的适格主体进行了规定。其第五十八条规定:"对污染环境、破坏生态,损害社会公共利益的行为,符合下列条件的社会组织可以向人民法院提起诉讼:(一)依法在设区的市级以上人民政府民政部门登记;(二)专门从事环境保护公益活动连续五年以上且无违法记录。符合前款规定的社会组织向人民法院提起诉讼,人民法院应当依法受理。提起诉讼的社会组织不得通过诉讼牟取经济利益。"2014年12月,《最高人民法院关于审理环境民事公益诉讼案件适用法律若干问题的解释》对"已经损害社会公共利益或者具有损害社会公共利益重大风险的污染环境、破坏生态的行为提起诉讼"③的法律适用问题作出了较为详细的规定。随着环境民事公益诉讼法律规定的不断出台,我国环境公益诉讼案件明显增多,2015年全国法院受理共受理35件

---

① 吕忠梅.环境公益诉讼辨析[J].法商研究,2008(6):131-137.
② 叶勇飞.论环境民事公益诉讼[J].中国法学,2004(5):107-113.
③ 最高人民法院.最高人民法院关于审理环境民事公益诉讼案件适用法律若干问题的解释[EB/OL].(2015-01-12)[2022-08-07]. http://zfs.mee.gov.cn/fgjd/201501/t20150112_294085.shtml.

环境民事公益诉讼案件,2019年全国法院受理环境民事公益诉讼已达491件,产生了一批环境民事公益诉讼典型案例。

可以看出,我国环境民事公益诉讼的立法实践和司法实践都有了很大发展,对于加强环境保护发挥了重要的作用。不过,由于我国环境民事公益诉讼制度确立的时间较晚,制度建设还很不完善,我国亟须根据环境保护的现实需要弥补一些缺陷。

首先,环境民事公益诉讼的适格主体有待扩展。与美国等国的环境民事公益诉讼主体相比,我国环境民事公益诉讼的适格主体范围狭窄得多。根据美国的公民诉讼制度,原则上利害关系人乃至任何人均可对违反法定或者主管机关核定的污染防治义务的主体,包括私人企业、美国政府或者其他各级政府机关,提起民事诉讼。我国环境公益诉讼的参与主体虽屡经扩展,但是主体范围仍然相对狭窄,还不能有效调动社会公众参与环境司法保护环境公共利益的积极性和能动性。现行法律规定的适格起诉主体包括满足条件的环境保护组织、环境行政主管部门、检察机关等,但不包括社会公众。

据统计,截至2018年年底,我国累计有22家公益性环保组织参与环境公益诉讼,但我国90%以上的环境公益诉讼案件都是由检察机关、行政机关提起的,由环保组织提起的环境公益诉讼案件占比则较少。从数据上可以看出,我国环境公益诉讼中的社会力量尚未有效发挥出来。扩大环境民事公益诉讼主体范围有助于发挥社会力量,加强对环境行为的监督,减轻环境保护组织、检察机关等在环境民事公益诉讼中的压力。由于环保组织、环境行政管理机关、检察院没有足够多的资源来监控、发现每一种环境污染行为、生态破坏行为,环境保护很有必要广泛发挥与借助社会公众的力量。

其次,环境民事公益诉讼的规则不完善。一是环境损害的认定标准不一,科学性有待增强。虽然《关于将环境损害司法鉴定纳入统一登记管理范围的通知》《关于规范环境损害司法鉴定管理工作的通知》《环境损害司法鉴定机构登记评审办法》等规范性文件已经将环境损害鉴定纳入司法鉴定的范畴,但是由于损害评估鉴定技术规范存在一些冲突和缺失,且受当前科技水平限制,专业化的、具有公信力的环境损害鉴定机构普遍缺少,特定类型的环境损害无法鉴定、鉴定周期长、鉴定费用高的问题比较突出。在环境民事公益诉讼案件中,审判人员往往主要以环境损害鉴定意见作为损害事实认定以及损害赔偿金额计算的依据,环境损害鉴定科学上的争议必然导致环境公益案件的公平性受到质疑。二是环境民事公益诉讼的裁判规则不完善。其主要表现为环境民事公益诉讼还没有建立起区别于普通环境侵权的特殊裁判规则;未能根据环境污染、生态破坏、资源利用与保护等不同类型的环境行为来建立可以区分适用的归责原则、举证责任分配规则和责任承担方式。三是环境民事公益诉讼程序规则不完善。其表现为环境民事公益诉讼的举证责任分配不合理,检察刑事附带民事公益诉讼等重大程序规则尚未建立等。①

(二) 环境行政公益诉讼制度不健全

环境行政公益诉讼是指当政府的行政行为或者行政不作为导致环境公共利益受到侵害或者有侵害之虞时,特定的国家机关或者有关组织、个人对该行政机关提起的诉讼。环境行政公益诉讼制度最早在国外出现,美国是一个典型的代表。美国的环境行政公益诉讼制度发展得比较早,相关的法律规定也比较完善。例如,美国 1970 年的《清洁空气法》规定,公民可以依法对违法排污的企业或者未履行法定义务的主管机关提起诉讼,要求违法者消除污染、赔偿损失,并督促联邦环保局和各州履行其法定义务。② 美国的《行政程序法案》规定,政府决策者在出台一项新政之前,必须要征求社会大众的意见,即要向社会公示至少 30 天。在公示期间,社会公众可以根据美国相关法律的规定对于公示的内容进行质询,在质询后,政府必须对质询的内容进行答复,以证明决策是合理、合法的,如果民众不满意,可以上诉到联邦法庭,由法庭作出最后的裁决。此外,美国颁布的《清洁水法》《噪声控制法》等环境法律也规定了类似的条款。

与国外相比,我国的环境行政公益诉讼制度确立的时间要晚得多。我国在缺少明确的环境行政公益诉讼法律依据的情况下,于 2009 年 9 月通过中华环保联合会诉清镇市国土资源管理局行政不作为案开创了环境

---

① 江必新. 中国环境公益诉讼的实践发展及制度完善[J]. 法律适用,2019(1):5-12.
② 周瑜滨. 美国的环境公民诉讼规则研究[J]. 法制与社会,2009(23):328-329.

行政公益诉讼案件的先河。

我国虽然已开展了环境行政公益诉讼制度司法实践,但是环境行政公益诉讼立法却严重滞后于司法实践。当前,环境行政公益诉讼的起诉主体过于狭窄成为制约我国环境行政公益诉讼制度深入发展的重要因素。《宪法》第四十一条第一款规定:"中华人民共和国公民对于任何国家机关和国家工作人员,有提出批评和建议的权利;对于任何国家机关和国家工作人员的违法失职行为,有向有关国家机关提出申诉、控告或者检举的权利,但是不得捏造或者歪曲事实进行诬告陷害。"但是,根据我国2017年6月修正的《行政诉讼法》的规定,人民法院仅受理公民、法人或者其他社会组织认为的行政机关的具体行政行为侵犯了其合法权益提起的行政诉讼。作为环境损害的直接承受者的社会公众和具有一定专业积累的环保组织却没有提起环境行政公共利益诉讼的法律请求权,这是环境法制建设的一大缺陷。

(三)检察环境公益诉讼制度不完善

检察机关作为环境行政公益诉讼的起诉主体地位已经为法律所确认。2015年7月,全国人民代表大会常务委员会授权最高人民检察院开展检察机关提起公益诉讼试点,自此我国的检察环境公益诉讼制度开始起步。随后,最高人民检察院发布了《检察机关提起公益诉讼改革试点方案》,明确了检察机关享有环境行政公益诉讼的诉权。2015年12月最高人民检察院出台的《人民检察院提起公益诉讼试点工作实施办法》第二十八条规定:"人民检察院履行职责中发现生态环境和资源保护、国有资产保护、国有土地使用权出让等领域负有监督管理职责的行政机关违法行使职权或者不作为,造成国家和社会公共利益受到侵害,公民、法人和其他社会组织由于没有直接利害关系,没有也无法提起诉讼的,可以向人民法院提起行政公益诉讼。"①

2017年6月修正的《行政诉讼法》和《民事诉讼法》明确了检察机关的环境公益诉讼主体地位。《行政诉讼法》第二十五条第四款规定:"人民检

---

① 最高人民检察院.人民检察院提起公益诉讼试点工作实施办法[EB/OL].(2016-01-07)[2022-08-12]. https://www.spp.gov.cn/zdgz/201601/t20160106_110439.shtml.

察院在履行职责中发现生态环境和资源保护、食品药品安全、国有财产保护、国有土地使用权出让等领域负有监督管理职责的行政机关违法行使职权或者不作为,致使国家利益或者社会公共利益受到侵害的,应当向行政机关提出检察建议,督促其依法履行职责。行政机关不依法履行职责的,人民检察院依法向人民法院提起诉讼。"2018年2月,最高人民检察院、最高人民法院联合印发了《关于检察公益诉讼案件司法解释》,对检察机关开展环境民事公益诉讼和环境行政公益诉讼的条件、程序等作出具体规定。检察环境公益诉讼法律规定的陆续出台,推动了相关司法实践的开展。

由于我国检察环境公益诉讼制度建立的时间比较晚,其在实际运行过程中还存在一些无法满足环境保护现实需要的情形,我国需要在不断总结实践经验的基础上,完善制度建设。

第一,检察机关对跨部门、跨区域环境行政行为缺乏有效监督。2018年3月修正的《宪法》第一百三十四条规定:"中华人民共和国人民检察院是国家的法律监督机关。"就环境保护而言,检察机关主要通过法律手段对行政权进行监督。在现实生活中,有些环境行政行为必然会涉及发展改革部门、环境保护部门、国土资源部门、规划部门等多个行政部门。当涉及多部门的环境行政行为导致了环境问题的产生时,检察机关如果分别对这些部门提出检察建议,由于责任主体并不明确,检察监督往往收不到良好的效果。

检察机关依据行政区域设立,对于跨行政区域的生态系统的破坏,检察机关往往不能有效发挥应有的作用,或者说对于跨行政区域的环境行政行为的检察监督仍然是检察环境公益诉讼制度的薄弱环节。我们知道,生态系统由不同的生态单元构成,往往与行政区域划分不相吻合。生态环境的这一特性决定了环境问题的发生往往具有跨行政区域性,环境问题的完整解决应当从生态系统的整体入手,而不是从单一行政区域这一局部入手。而对于跨行政区域环境问题的管辖,根据2018年3月最高人民检察院印发的《检察机关行政公益诉讼案件办案指南(试行)》,检察机关行政公益诉讼案件管辖一般"由违法行使职权或者不作为的行政机关所在地的基层人民检察院管辖。违法行使职权或者不作为的行政机关是县级以上人民政府的案件,由市(分、州)人民检察院管辖。"①跨行政区域的环境行政公益诉讼案件,可以采用指定管辖、管辖权转移、管辖权协商的方式确定具体的管辖机关。不过,上述规定仅仅是针对检察机关提起环境行政公益诉讼时适用,而不适用于诉前阶段的环境检察建议。

第二,检察机关对行政机关是否维护环境公共利益的实质审查参与度不够。检察环境公益诉讼制度实际上是在行政机关、社会公众维护环境公共利益不足的现实背景下,借助于检察机关这一国家公权力的力量增强环境公共利益保护能力。检察机关之所以能够担此重任,是因为检察机关设立的目的,决定了其承担维护环境公共利益的角色具有先天的优势。"自检察制度产生以来,检察机关就以国家利益和社会公益代表的面目出现,作为国家的法律监督机关,其有义务,也有能力担当起维护国家利益和社会公共利益的职责。"②

根据环境行政公益诉讼制度的规定,检察机关在提起诉讼前,应当先行向相关行政机关提出检察建议,督促其依法履行责任,只有在行政机关不依法履行法定职责的时候,检察机关才能向法院起诉。《最高人民法院 最高人民检察院关于检察公益诉讼案件适用法律若干问题的解释》第二十一条规定:"人民检察院在履行职责中发现生态环境和资源保护、食品药品安全、国有财产保护、国有土地使用权出让等领域负有监督管理职责的行政机关违法行使职权或者不作为,致使国家利益或者社会公共利益受到侵害的,应当向行政机关提出检察建议,督促其依法履行职责。行政机关应当在收到检察建议书之日起两个月内依法履行职责,并书面回复人民检察院。出现国家利益或者社会公共利益损害继续扩大等紧急情形的,行政机关应当在十五日内书面回复。行政机关不依法履行职责的,人民检察院依法向人民法院提起诉讼。"③这种制度设计,实际上给了

---

① 最高人民检察院.检察机关行政公益诉讼案件办案指南(试行)[EB/OL].(2018-06-25)[2022-08-11]. http://www.xj.jcy.gov.cn/jcyw/sfjc/gzzd6/201806/t20180625_2245268.shtml.

② 江伟.略论检察监督权在民事诉讼中的行使[J].人民检察,2005(18):5-8.

③ 最高人民法院,最高人民检察院.最高人民法院 最高人民检察院关于检察公益诉讼案件适用法律若干问题的解释[EB/OL].(2018-03-02)[2022-08-11]. https://www.spp.gov.cn/zdgz/201803/t20180302_368570.shtml.

行政机关一个自我纠错的机会,也有利于节约有限的司法资源,实现检察机关督促监督与行政机关履职协调的有效衔接。然而,在实际执行这一规定的过程中,检察机关多是从形式上判断行政机关是否履行了检察建议提出的要求,很少去具体调查验证行政机关是否实质上履行了检察建议。

第三,检察机关与行政机关间环境信息沟通与协调机制缺乏。在我国,环境污染、生态破坏、环境质量状况等相关的环境信息大多掌握在行政机关手中。行政机关在日常环境管理过程中,不会主动向检察机关提供相应的信息,这就决定了检察机关在未着手维护环境公共利益之前,基本上不掌握这些信息。不掌握这些信息直接带来的后果是检察机关无法及时发现行政机关的环境违法行为,也无法在第一时间对行政机关提出检察建议,及时纠正行政机关的环境不法行为。①

第四,检察机关缺乏对地方政府环境质量责任的监督。"检察机关的环境行政监督不仅包括对行政机关环境行政行为的监督,也应当包括对地方政府区域环境质量责任的监督。"①当前,检察机关对行政机关不法环境行政行为的制约主要通过提出检察建议或者提起环境行政公益诉讼行使,尚"缺乏对地方政府环境质量责任的检察监督。尽管《环境保护法》明确规定各级地方政府应当对区域内环境质量负责,但目前这一规定的落实仅仅从党纪政纪方面进行责任追究,包括出台了领导干部生态环境责任追究办法,确立了中央对地方区域环境质量进行督察、约谈等制度,缺乏对地方政府环境履职行为及环境损害结果的法律监督以及诉讼机制"①。

第四节 环境损害救济法律制度的完善建议

环境损害救济是环境治理现代化必不可少的组成部分。我国环境法规定的环境损害救济方式有两种:一种是公力救济,即国家公权力介入环

---

① 陈晓景.新时期检察环境公益诉讼发展定位及优化进路[J].政法论丛,2019(6):126-137.

境损害救济,通过实施生态环境损害责任追究制度、环境行政公益诉讼制度、环境检察公益诉讼制度等救济受损的环境公共利益,实现矫正正义;另一种是私力救济,即借助多元社会主体的力量开展环境损害救济,通过环境民事公益诉讼制度等参与环境司法进程,保护受损的环境公共利益。

一、加强生态环境损害责任追究制度建设

根据党的十八届四中全会的战略部署,全面推进依法治国,建设社会主义法治国家,就是要"在中国共产党领导下,坚持中国特色社会主义制度,贯彻中国特色社会主义法治理论,形成完备的法律规范体系、高效的法治实施体系、严密的法治监督体系、有力的法治保障体系,形成完善的党内法规体系"。[①] 新时代,构建完善的生态环境损害责任追究制度是深入开展生态文明建设、实现环境治理现代化的基本要求。完善党内法规中的生态环境损害责任追究制度,推进党内法规与国家法律规范的有效衔接,对于落实政府环境保护责任、强化党政领导干部合法履职的积极性具有重要意义。

第一,明确相关法律法规中不同种类生态环境损害责任追究形式的具体适用条件。对于生态环境损害责任追究形式而言,国家应当明确在造成什么样的环境损害后果下进行道德谴责(包括诫勉、责令公开道歉)、在什么样的情况下适用组织处理,在什么样的情况下适用党纪政纪处分,道德谴责、组织处理、党纪政纪处分能否叠加适用,以及在什么样的情况下可以叠加适用,在什么样的情况下应当叠加适用,这些内容应当是确定的、清晰的、稳定的、事先为党政领导干部所了解的,应当满足法治的形式合理性要求。

第二,明确生态环境损害的责任主体,尤其是地方政府、党委一把手的责任主体地位。我国应当落实 2014 年 4 月修订的《环境保护法》第六条第二款提出的"地方各级人民政府应当对本行政区域的环境质量负责"要求,落实《党政领导干部生态环境损害责任追究办法(试行)》提出的环境保护"党政同责、一岗双责"要求,压实地方党政一把手的环境保护责

---

① 宗卓.全面推进依法治国的困境与出路探析[D].沈阳:中共辽宁省委党校,2016.

任。当发生严重的生态环境损害后果时,除了环境保护的直接负责的主管人员和其他直接责任人员承担相应的党纪政纪责任,地方政府、党委一把手也应当作为责任追究的主体。生态环境损害是否造成严重的后果,可以参考以下标准进行判断:"第一,造成多少人死亡或者重度残疾;第二,造成多少人重伤、中度残疾或者器官组织损伤导致严重功能障碍;第三,造成多少人轻伤、轻度残疾或者器官组织损伤导致一般功能障碍;第四,造成多少经济损失(包括直接损失和间接损失);第五,给当地地区居民生活带来困难达到多少小时;第六,导致多大面积的土壤、水体、大气污染;第七,在当地产生恶劣社会影响的等"①。

二、加强生态环境损害赔偿制度建设

生态环境损害赔偿制度是生态文明制度建设的重要内容,是生态环境有价、损害需担责理念的具体体现。当前,我国的生态环境损害赔偿制度尚处于初步发展阶段,制度的具体内容过于笼统,还需要在法治化进程中不断完善。

第一,确立生态环境损害赔偿制度的法律地位,细化制度的具体内容。总结我国生态环境损害赔偿制度实施的经验,尽快在环境保护立法中明确其法律地位;细化环境损害赔偿制度的具体内容,明确生态环境损害诉讼适用范围、生态环境损害赔偿范围、生态环境损害赔偿义务人与赔偿权利人、生态环境损害赔偿磋商的性质及程序、生态环境损害赔偿诉讼的基本规则、生态环境修复与损害赔偿的执行和监督、生态环境损害鉴定评估、生态环境损害赔偿资金管理等。

第二,厘清生态环境损害赔偿制度中索赔主体的请求权基础。在我国,政府不只是自然资源的所有者,还是环境保护的监管者,享有环境治理的行政权力,政府的双重角色导致了生态环境损害赔偿请求权竞合问题的产生。"政府在穷尽行政手段仍不能实现对生态环境利益的有效保护时通过司法权力实现生态环境保护和监管的目的,与其说是以自然资

---

① 鄢斌.论环保官员的引咎辞职[C].2014年全国环境资源法学研讨会(年会)论文集(第三册),2014:365-368.

源国家所有者的身份行使生态环境修复请求权,不如说是以履行环境保护职责为正当性基础行使生态环境损害索赔权。"[①]由于环境保护主要是政府的职责,政府更能够及时发现并制止环境损害行为,减轻环境损害的后果,节约环境保护成本。基于这样的考虑,在生态环境损害赔偿过程中,立法者应当先行要求政府履行环境保护监管者的法定职责,通过行使环境行政权追究环境侵害者的责任;在环境行政权力无法行使的情况下,再要求政府履行自然资源所有权主体的职责。

第三,明确生态环境损害赔偿责任的法律定位。生态环境损害赔偿责任的法律定位取决于政府实施的环境行为的角色。政府作为所有权人对自然资源行使所有权时,政府与环境侵权人处于平等地位,这时如将生态环境损害赔偿责任认定为民事责任,更利于追究环境侵权行为人的法律责任。《民法典》第一百八十七条规定:"民事主体因同一行为应当承担民事责任、行政责任和刑事责任的,承担行政责任或者刑事责任不影响承担民事责任;民事主体的财产不足以支付的,优先用于承担民事责任。"当政府作为环境行政公权力行使主体对环境侵权行为人进行管理时,这时环境侵权行为人的角色为行政相对人,环境侵权行为人承担的生态环境损害赔偿责任应当认定为行政责任。

第四,明确生态环境损害赔偿磋商的法律关系属性。从本质上来看,磋商是平等主体间的对抗与妥协。在生态环境损害赔偿磋商过程中,政府作为磋商的一方主体,此时其所行使的是国家自然资源所有权人所享有的处分权。在这种情况下,国家宜将生态环境损害赔偿磋商认定为民事法律关系。

第五,完善生态环境损害赔偿诉讼与环境公益诉讼制度衔接机制。当政府、环保公益组织、检察机关均对同一环境案件享有环境公益诉讼请求权时,需要对不同主体的诉讼优先权进行排序。政府具有环境行政管理的职责,应当作为生态环境公益诉讼的第一顺位的诉讼主体。环保公益组织在政府既不履行环境行政管理职责又不提起生态环境损害赔偿诉

---

① 史玉成.生态环境损害赔偿制度的学理反思与法律建构[J].中州学刊,2019(10):85-92.

讼时,可以作为第二顺位的诉讼主体。检察机关是国家法律监督机关,是环境正义维护的最后一道防线。在政府不依法提起生态环境损害赔偿诉讼,环保公益组织不愿提起生态环境损害赔偿诉讼,或者缺少适格的环保组织提起生态环境损害赔偿诉讼时,检察机关应当作为第三顺位的诉讼主体。① 同时,基于节约司法资源、高效解决环境损害纠纷的原则,我国应当探索建立环境公益诉讼附带生态环境损害赔偿制度,使同一加害人因同一事由引起的生态环境损害赔偿诉讼案件、环境公益诉讼案件能够通过司法程序一并得到处理。

三、构建完善的环境公益诉讼制度

环境公益诉讼制度是维护环境公共利益、实现环境治理现代化的一项关键措施。随着环境法制建设的不断开展,以及环境司法经验的不断积累,环境公益诉讼制度应当不断补充完善,以更好地适应环境保护的现实需要,促进制度目标的实现。

(一) 构建完善的环境民事公益诉讼制度

环境民事公益诉讼是特定的民事主体为维护环境公共利益所提起的诉讼,是借助于社会力量来保护环境公共利益的一种制度设计。完善环境民事公益诉讼制度是新时代环境治理现代化的迫切需求,也是落实环境民主的直接体现。

第一,扩大环境民事公益诉讼起诉主体范围。为推动更多社会力量参与环境保护事业,促进环境质量的持续改善,我国应当认可与案件有直接利益关系的公民的环境民事公益诉讼主体地位。我国可以借鉴印度1986年《环境保护法》的规定:"要求公民在进行公益诉讼之前需要提前知会政府,在60天之后政府没有任何改变才能够展开正式诉讼,并要求相关赔偿。"② 同时,我国应当修改2014年4月修订的《环境保护法》第五十八条的规定,即社会组织享有诉讼权需专门从事环境保护公益活动连续5年以上且无违法记录的规定,降低社会组织专门、连续从事环

---

① 史玉成.生态环境损害赔偿制度的学理反思与法律建构[J].中州学刊,2019(10):85-92.
② 李嘉成.我国环境民事公益诉讼制度研究[D].昆明:云南财经大学,2020.

境保护公益活动的年限要求。

第二,完善环境民事公益诉讼程序规则。首先,丰富环境损害的事实查明方法,正确适用环境损害司法鉴定。对于具体的环境公益诉讼案件而言,法院应当先行判断争议案件事实是否能够鉴定,是否有必要鉴定,在此基础上再根据案件事实,合理选择适当的环境损害司法鉴定机构。对于无法鉴定、鉴定周期长、鉴定费用高的环境损害案件,法院应当选择替代性的环境损害事实查明方法,在经当事人充分质证后,可以将"环境资源行政主管部门出具的相关行政文书,国务院环境资源行政主管部门推荐的机构出具的检验报告、检测报告、评估报告、监测数据"①作为认定环境案件事实认定的根据。"对于当事人提交的鉴定结论,不仅要关注鉴定人是否有资质、鉴定程序是否合法等基本问题,还要对鉴定方法是否科学、鉴定依据的技术规范和标准是否有效依法审查,确保鉴定结论的客观和准确。"①其次,通过推进环境资源审判专门化建设,探索建立环境民事公益诉讼专门裁判规则。由于环境民事公益诉讼案件具有较强的专业性和复杂性,其由专门的审判机构依法审理才能保障审判的公平性。与此同时,法院应当在促进环境审判的专业化、不断总结审判经验的基础上完善环境公益诉讼的专门裁判规则,为环境司法的开展提供有力保障。最后,完善环境民事公益诉讼程序规则。一是应当"制定不同于现行环境民事私益诉讼的规则"②,明确不同类型环境损害行为所适用的举证职责分配规则;二是应当明确刑事附带民事公益诉讼程序规则,在裁判文书中同时确定刑事责任和民事责任时,强化环境民事责任的承担;三是应当明确区分检察机关环境民事公益诉讼中上诉、抗诉的适用规则。

(二)构建完善的环境行政公益诉讼制度

在现代社会中,行政机关直接掌控着立法机关、司法机关无可比拟的国家资源,具有利用国家资源以实现自身利益最大化的先天优势。"国家机关并不是超脱于一切利害关系之外的,它们本身也组成了一个集团、一

---

① 江必新.中国环境公益诉讼的实践发展及制度完善[J].法律适用,2019(1):5-12.
② 王秀卫.我国环境民事公益诉讼举证责任分配的反思与重构[J].法学评论,2019(2):169-176.

个阶层,它们相互之间也有直接的利害关系。"①在这种情况下,加强对行政机关权力的监督与制约,放宽和扩大环境行政公益诉讼的原告资格和受案范围,通过公民权利制约行政权力就显得非常必要了。

就我国而言,完善环境行政公益诉讼制度,需要在治理现代化背景下,通过扩大诉讼主体的范围,赋予公民、法人或其他社会组织提起诉讼的权力来实现。在具体诉讼规则设置上,在检察机关、环保组织、其他行政机关等不提起环境行政公益诉讼时,国家应当允许公民、法人或其他社会组织以自己的名义向人民法院提起环境行政公益诉讼。这样既维护了公民、法人或者其他社会组织的环境监督权,又避免了滥诉问题的发生,节约了司法资源,节省了司法成本。

(三) 构建完善的环境检察公益诉讼制度

检察环境行政公益诉讼设立的目的是督促行政机关尽职履行环境保护职责,维护环境公共利益。构建完善的环境检察公益诉讼制度可以从以下四个方面入手。

第一,完善跨部门、跨区域环境行政行为检察监督机制。检察机关在对环境行政权进行监督的过程中,往往"偏重对具体环境行政部门的执法监督,而对涉及多部门共同参与的生态环境和自然资源保护的整体性检察监督力度不够"②。要解决因多部门共同参与的环境公权行为引发的"整体性检察监督力度"不够问题,国家应当明确赋予检察机关直接向所涉部门所属的地方人民政府或者所涉部门共同的上级地方人民政府提起检察意见的权力,这样才能压实地方各级政府对本区域内环境质量负责的法定义务。

明确诉前程序中检察监督的管辖权,可以借鉴以生态系统整体性管辖为目标、实行跨行政区域集中管辖的制度措施。具体而言,检察机关"应当打破现行的行政区域限制,由省级以上检察机关根据自然环境单元(流域水文单元或生态功能区划分)划定特殊管辖范围进行集中管辖,全面对自然环境单元内的环境行政履职行为进行检察监督。另外还可以建

---

① 陈阳.检察机关环境公益诉讼原告资格及其限制[M].济南:山东人民出版社,2009:139.
② 陈晓景.新时期检察环境公益诉讼发展定位及优化进路[J].政法论丛,2019(6):126-137.

立跨域环境检察监督的联动机制,在省级行政区域或者自然环境单元内建立生态环境检察监督信息共享平台,任一行政区域内的检察监督案件都应当追踪处理后果,避免生态环境危害行为的不法转移。需要跨省联动的环境违法案件,涉事检察机关可以报请上级人民检察院进行协调。对县级以上人民政府的检察监督,可以报请上一级人民检察机关直接管辖"①。

第二,强化检察机关对行政机关维护环境公共利益实质审查的参与度。解决当前"检察监督偏重对行政机关的执法监督,而且一般要求行政机关以书面答复为主要形式,并没有跟踪检察监督在生态环境损害预防和修复方面的实际效果,导致环境公共利益的维护效果不佳"①的问题,国家应当要求检察机关在实现环境公共利益这一目的过程中,不只关注环境行政行为的实施过程,更注重环境行政行为的实际效果。"检察机关应当从维护公共环境利益的结果出发,跟踪检察建议的实际履行效果。检察环境公益诉讼案件卷宗除了记载相关环境行政部门对检察建议的履职情况书面回复,还应当包括生态环境和资源保护的实际维护效果。"①或者说检察机关除了对行政机关书面答复进行形式性审核,还需要保留实质性审核的权力,必要时主动开展实质性审核,以确定行政机关是否遵从了检察建议,依法履行完应尽的环境保护职责。开展实质性审核,检察机关可以采用多种形式和途径,如既可以亲自调取相关证据来对行政机关的环境履职行为进行判定,也可以要求行政机关提供合法的环境治理第三方机构出具环境治理验收意见,还可以自己委托有资质的第三方鉴定机构进行环境治理鉴定。

第三,检察机关与行政机关间建立环境信息沟通与协调机制。环境公共利益的维护需要诸多公权力机关相互间的沟通与协调。"检察环境公益诉讼涉及公安、司法、生态环境、自然资源、水利、农业农村、住房与城建等多个职能部门。根据检察机关既督促履职又配合履职的职能定位,为了实现维护公共环境利益的结果导向,健全完善检察监督权与各行政

---

① 陈晓景.新时期检察环境公益诉讼发展定位及优化进路[J].政法论丛,2019(6):126-137.

权之间的沟通与协同互动机制非常必要。建立协同互动机制的目的,一是通过该机制实现生态环境与资源保护的信息共享,以利于形成环境保护的合力;二是生态环境和自然资源整体保护中,有关职能部门配合不力的,可以由检察机关督促相关行政机关配合履职。建立检察监督与行政权的协调互动机制,从传统对抗式的监督模式转变为共同解决环境污染与生态破坏的创新形式。"① 具体而言,检察机关可以将自身接入环境保护行政主管部门的数据监测平台,推动自身对环境行政管理过程进行全天候、全过程监控。检察机关通过对日常环境保护数据的监督和研判,可以更加直观地了解环境行政机关履职的情况,及时发现环境行政管理中存在的问题,以最小的行政成本,以最低的环境、经济、社会代价来解决环境问题。

第四,构建地方政府环境质量责任检察监督制度。我国政府负有保护环境的法定职责,维护良好的环境,保障生态文明的实现,必须强化政府环境责任的落实。在我国的政治体系结构中,人民代表大会属于国家权力机关,各级政府、法院、检察院由人民代表大会选举产生,并对同级人民代表大会负责。政府、检察院相互分立的政治结构决定了检察机关最适宜担当地方政府环境质量责任落实的监督机关。为压实地方政府的环境保护责任,国家应当建立地方政府环境质量责任检察监督制度,加强检察机关对地方政府,尤其是对地方政府一把手的监督制约。

---

① 陈晓景.新时期检察环境公益诉讼发展定位及优化进路[J].政法论丛,2019(6):126-137.

主要参考文献

1. 俞可平.治理和善治引论[J].马克思主义与现实,1999(5).
2. 埃德加·博登海默.法理学:法律哲学与法律方法[M].邓正来,译.北京:中国政法大学出版社,1999.
3. 迈克尔·麦金尼斯.多中心治道与发展[M].王文章,毛寿龙,等,译.上海:上海三联书店,2000.
4. 埃莉诺·奥斯特罗姆.公共事务的治理之道[M].余逊达,陈旭东,译.上海:三联书店,2000.
5. 俞可平.治理与善治[M].北京:社会科学文献出版社,2000.
6. 毛雷尔.行政法学总论[M].高家伟,译.北京:法律出版社,2000.
7. 约翰·罗尔斯.正义论[M].何怀宏,等,译.北京:中国社会科学出版社,2001.
8. 叶俊荣.环境政策与法律[M].北京:中国政法大学出版社,2003.
9. 保罗·R.伯特尼,罗伯特·N.史蒂文斯.环境保护的公共政策[M].2版.穆贤清,方志伟,译.上海:上海三联书店,2004.
10. 叶勇飞.论环境民事公益诉讼[J].中国法学,2004(5).
11. 戴维·毕瑟姆.官僚制[M].2版.韩志明,译.长春:吉林人民出版社,2005.
12. 俞可平.科学发展观与生态文明[J].马克思主义与现实,2005(4).
13. 安东尼·唐斯.官僚制内幕[M].郭小聪,译.北京:中国人民大学出版社,2006.
14. 沈满红.水权交易制度研究:中国的案例分析[M].杭州:浙江大学出版社,2006.
15. 陈天祥.新公共管理:政府再造的理论与实践[M].北京:中国人民大学出版社,2007.
16. 汪劲,田秦.绿色正义:环境的法律保护[M].广州:广州出版社,2007.
17. 王锡锌.行政过程中公众参与的制度实践[M].北京:中国法制出版社,2008.

18. 周黎安.转型中的地方政府:官员激励与治理[M].上海:格致出版社,上海人民出版社,2008.

19. 徐祥民.环境与资源保护法学[M].北京:科学出版社,2008.

20. 马斌.政府间关系:权力配置与地方治理[M].杭州:浙江大学出版社,2009.

21. 琳达·维斯,约翰·M.霍布森.国家与经济发展:一个比较及历史性的分析[M].黄兆辉,廖志强,译.长春:吉林出版集团有限责任公司,2009.

22. 张凌云,齐晔.地方环境监管困境解释:政治激励与财政约束假说[J].中国行政管理,2010(3).

23. 朱迪·弗里曼.合作治理与新行政法[M].毕洪海,陈标冲,译.北京:商务印书馆,2010.

24. 孙大伟.探寻一种更具解释力的侵权法理论:对矫正正义与经济分析理论的解析[J].当代法学,2011(2).

25. 李洪枚.环境学[M].北京:知识产权出版社,2011.

26. 陈慈阳.环境永续过程中之法制缺漏与新制度之建构:以环境救济法典之建构为任务[J].清华法治论衡,2012(2).

27. 晋海.我国基层政府环境监管失范的体制根源与对策要点[J].法学评论,2012(3).

28. 程燎原.中国法治政体问题初探[M].重庆:重庆大学出版,2012.

29. 罗文君.论我国地方政府履行环保职能的激励机制[D].上海:上海交通大学,2012.

30. 秦天宝.环境法制度学说案例[M].武汉:武汉大学出版社,2013.

31. 理查德·C.博克斯.公民治理:引领21世纪的美国社区[M].孙柏瑛,等,译.北京:中国人民大学出版社,2013.

32. 乔治·弗雷德里克森.公共行政的精神[M].张成福,等,译.北京:中国人民大学出版社,2013.

33. 杜辉.论制度逻辑框架下环境治理模式之转换[J].法商研究,2013(1).

34. 汪仕凯.后发展国家的治理能力:一个初步的理论框架[J].复旦学报(社会科学版),2014(3).

35. 吕忠梅.论生态文明建设的综合决策法律机制[J].中国法学,2014(3).

36. 王灿发.论生态文明建设法律保障体系的构建[J].中国法学,2014(3).

37. 吕忠梅.环境与健康保护:以《环境保护法》为起点[J].中国法律,2014(4).

38. 李林.依法治国与推进国家治理现代化[J].法学研究,2014(5).

39. 徐猛.社会治理现代化的科学内涵、价值取向及实现路径[J].学术探索,2014(5).

40. 李林.全面推进依法治国的时代意义[J].法学研究,2014(6).

41. 宋湛.促进三重转型:行政体制改革的主攻方向[J].中国行政管理,2014(7).

42. 巢哲雄.关于促进国家生态环境治理现代化的思考[J].环境保护,2014(16).

43. 季卫东.通往法治的道路:社会的多元化和权威体系[M].北京:法律出版社,2014.

44. 马波.论政府环境保护责任实现的激励机制构建[J].西部法学评论,2015(1).

45. 颜士鹏.社会转型时期环境法律治理机制的多元化[J].法学评论,2015(2).

46. 范战平.论我国环境污染第三方治理机制构建的困境及对策[J].郑州大学学报(哲学社会科学版),2015(2).

47. 徐祥民.环境质量目标主义:关于环境法直接规制目标的思考[J].中国法学,2015(6).

48. 杨欣."环境正义"视域下的环境法基本原则解读[J].重庆大学学报(社会科学版),2015(6).

49. 张静.法团主义[M].2014修订版.北京:中国社会科学出版社,2015.

50. 徐祥民.论我国环境法中的总行为控制制度[J].法学,2015(12).

51. 欧文·E.休斯.公共管理导论[M].3版.张成福,马子博,等,译.北京:中国人民大学出版社,2015.

52. 俞可平.论国家治理现代化[M].北京:社会科学文献出版社,2015.

53. 张劲松.去中心化:政府生态治理能力的现代化[J].甘肃社会科学,2016(1).

54. 陈海嵩.环境法国家理论的法哲学思考[J].甘肃政法学院学报,2016(3).

55. 俞可平.如何推进生态治理现代化?[J].中国生态文明,2016(3).

56. 马骏.中国绿色金融发展与案例研究[M].北京:中国金融出版社,2016.

57. 陈海嵩.论环境法与民法典的对接[J].法学,2016(6).

58. 斯蒂芬·奥斯本.新公共治理?:公共治理理论和实践方面的新观点[M].包国宪,等,译.北京:科学出版社,2016.

59. 吕忠梅,杨诗鸣.控制环境与健康风险:美国环境标准制度功能借鉴[J].中国环境管理,2017(1).

60. 刘剑文,侯卓.事权划分法治化的中国路径[J].中国社会科学,2017(2).

61. 李挚萍.论以环境质量改善为核心的环境法制转型[J].重庆大学学报(社会

科学版),2017(2).

62. 吴卫军,徐岩.法治视野中的行政权之规制[M].成都:电子科技大学出版社,2017.

63. 张红杰,徐祥民,凌欣.政府环境责任论纲[J].郑州大学学报(哲学社会科学版),2017(3).

64. 吕忠梅,周健民,李原园,等.为改善水环境质量立良法:《水污染防治法(修正案草案)》专家研讨[J].中国环境管理,2017(3).

65. 李嵩誉.生态优先理念下的环境法治体系完善[J].中州学刊,2017(4).

66. 李文钊.中央与地方政府权力配置的制度分析[M].北京:人民日报出版社,2017.

67. 尤明青.论环境质量标准与环境污染侵权责任的认定[J].中国法学,2017(6).

68. 吕忠梅,张忠民.环境司法专门化与环境案件类型化的现状[J].中国应用法学,2017(6).

69. 薛黎明,李翠平.资源与环境经济学[M].北京:冶金工业出版社,2017.

70. 陈海嵩.生态文明体制改革的环境法思考[J].中国地质大学学报(社会科学版),2018(2).

71. 贾利佳,钟卫红.政府环境信息公开的现状、问题及展望[J].汕头大学学报(人文社会科学版),2018(2).

72. 赵红梅,李梦莹.环境治理及其现代化[J].马克思主义哲学研究,2018(2).

73. 俞可平.中国的治理改革:1978—2018[J].武汉大学学报(哲学社会科学版),2018(3).

74. 吕忠梅,窦海阳.民法典"绿色化"与环境法典的调适[J].中外法学,2018(4).

75. 吕忠梅.中国民法典的"绿色"需求及功能实现[J].法律科学(西北政法大学学报),2018(6).

76. 江必新.中国环境公益诉讼的实践发展及制度完善[J].法律适用,2019(1).

77. 夏志强,李天云.国家治理现代化的多维解读与推进[J].成都大学学报(社会科学版),2019(1).

78. 王秀卫.我国环境民事公益诉讼举证责任分配的反思与重构[J].法学评论,2019(2).

79. 吕忠梅,刘长兴.环境司法专门化与专业化创新发展:2017—2018年度观察[J].中国应用法学,2019(2).

80. 徐祥民,贺蓉.最低限度环境利益与生态红线制度的完善[J].学习与探索,

2019(3).

81. 吕忠梅,吴一冉.中国环境法治七十年:从历史走向未来[J].中国法律评论,2019(5).

82. 陈海嵩.我国环境监管转型的制度逻辑:以环境法实施为中心的考察[J].法商研究,2019(5).

83. 陈晓景.新时期检察环境公益诉讼发展定位及优化进路[J].政法论丛,2019(6).

84. 史玉成.生态环境损害赔偿制度的学理反思与法律建构[J].中州学刊,2019(10).

85. 吕忠梅.中国环境法的转型:从后果控制到风险预防[J].中国环境监察,2019(Z1).

86. 钭晓东.论新时代中国环境法学研究的转型[J].中国法学,2020(1).

87. 吕忠梅.论环境法的沟通与协调机制:以现代环境治理体系为视角[J].法学论坛,2020(1).

88. 徐祥民.论维护环境利益的法律机制[J].法制与社会发展,2020(2).

89. 徐以祥.我国环境法律规范的类型化分析[J].吉林大学社会科学学报,2020(2).

90. 张璐.中国环境司法专门化的功能定位与路径选择[J].中州学刊,2020(2).

91. 李冰强.流域生态修复与保护立法:现实困境与对策选择[J].中州学刊,2020(5).

92. 胡乙.多元共治环境治理体系下公众参与权研究[D].长春:吉林大学,2020.

93. 洪大用,范叶超,等.迈向绿色社会:当代中国环境治理实践与影响[M].北京:中国人民大学出版社,2020.

94. 杜辉.公私交融秩序下环境法的体系化[J].南京工业大学学报(社会科学版),2020(19).